imaginist

想象另一种可能

理
想
国
imaginist

谁住进了养老院

当代中国的"银发海啸"与照护难题

Rose K. Keimig

Growing Old in a New China
Transitions in Elder Care

[美]葛玫 著 刘昱 译

上海三联书店

Keimig, Rose K.. *Growing Old in a New China: Transitions in Elder Care*. New Brunswick: Rutgers University Press, 2021.
Copyright © 2021 by Rose K. Keimig.
Chinese translation rights arranged with Rutgers University Press, New Brunswick, New Jersey, United States of America.
All rights reserved.

著作权合同登记图字：09-2023-0078

图书在版编目（CIP）数据

谁住进了养老院：当代中国的"银发海啸"与照护难题 /（美）葛玫著；刘昱译. -- 上海：上海三联书店, 2023.6
ISBN 978-7-5426-8103-4

Ⅰ.①谁… Ⅱ.①葛… ②刘… Ⅲ.①养老院－调查报告－中国－现代 Ⅳ.① D669.6

中国国家版本馆 CIP 数据核字 (2023) 第 083242 号

谁住进了养老院：当代中国的"银发海啸"与照护难题
[美] 葛玫 著 刘昱 译

责任编辑：苗苏以
特约编辑：孔胜楠
装帧设计：陆智昌
内文制作：陈基胜
责任校对：张大伟
责任印制：姚 军

出版发行 / 上海三联书店
（200030）上海市漕溪北路331号A座6楼
邮购电话 / 021-22895540
印　　刷 / 肥城新华印刷有限公司
版　次 / 2023 年 6 月第 1 版
印　次 / 2023 年 6 月第 1 次印刷
开　本 / 1230mm×880mm　1/32
字　数 / 145 千字
印　张 / 7.25
书　号 / ISBN 978-7-5426-8103-4/D・585
定　价 / 48.00元

如发现印装质量问题，影响阅读，请与印刷厂联系：0538-3460929

献给我的父母
凯(Kay)和埃德(Ed),
一位预言家,一位教授

目 录

前 言　　001

第1章　子女之孝，父母之仁　　023
第2章　身在历史，身载历史　　047
第3章　空间与场所，节奏与规矩　　071
第4章　无偿照护　　095
第5章　有偿照护　　115
第6章　慢性生存，拖延死亡　　137

结 语　　161
致 谢　　173
注 释　　175
参考文献　　179
译名对照表　　209
译后记　　215

前 言

> 我们这才认识到,在我们的主观意识和纯个体工程(即"自我")周围,有一片泛存在的区域和其他既有工程,在我们自身和他物之间存在意义的牵绊。
> ——莫里斯·梅洛-庞蒂(Maurice Merleau-Ponty),
> 《知觉现象学》(*Phenomenology of Perception*)

马美花[1]是玉山老年公寓[2]的非正式代言人。由于她离前门很近,而且头脑清楚,当工作人员需要为访客、记者或人类学家提供该院的第一手生活资料时,她便成为首选。78岁的她,在玉山老年公寓住了快三年了。退休前,她和丈夫在一家手表厂上班,她盛赞丈夫的手艺。她也为自己的能干而自豪,无论作为工人还是母亲——育有三个成功的儿子,其中一个为奥运会运动员教练。她六年前中风,三年后丈夫去世,而后便辞退家里的护工，搬到了玉山老年公寓。

马阿姨今天特别伤心。事实上，她每天都很伤心。"都怪中风。"她说。中风前，她那么能干。什么都会做。现在她什么都做不了了。她用右手拎起不灵光的左腕，让它掉在膝盖上。她哭了起来。如果没有中风，她还能做那么多的事。我问她这么伤心，有没有和儿子们说过，她说没有。她不想让他们难过。他们本来今天要来看她，但天气太热，她就叫他们不要来了。"中国人对他们的孩子真好，对吧？"她问道。

2014 年 5 月的昆明，一个阳光明媚的下午，马阿姨说了这番话。我们并肩坐在养老院临时停车场旁的一小片阴凉处，那些话让我有一种特别的感伤。2013 年 9 月 17 日，在我准备去中国进行养老护理研究时，我的母亲，一名原本健康的 55 岁执业护士，发生出血性脑中风。我丢下在康涅狄格州纽黑文的护理学民族志和研究材料，乘坐第一班飞机回到明尼苏达州的家中。此后两周，在重症监护室里，我在多次从书上看到过的布满两难抉择和不定后果的灰色地带摸索着（Kaufman, 2005）。

人类学家极力想埋身于他人世界中，抛开先决条件，仅靠发现和调查法来探索未知，然后以"把陌生的熟悉化，把熟悉的陌生化"的手法描述该体验。[3] 的确，正是有莎伦·考夫曼（Sharon Kaufman）等临终关怀民族志研究者（参见：Biehl, 2005; L. Cohen, 1998; Lock, 2002; McLean, 2007）对医疗机构中无形的时间、拼命寻找的意义（"我感觉她的脚趾动了！"）和照护交流的精彩记述，才让我对医院生活出奇地熟悉。然而，这些记述是从对象观察员的一方做出的，时间也仅限于学术研究日程。最后，就连勃洛尼斯拉夫·马林诺夫斯基＊的船也返程了。而在观察的时间和空间之外，养老院的生活还在继续。

我的母亲冲破难关，慢慢恢复了意识——当然，一种新的意识，但比社工叫我家人准备好接受的"眨眼植物人"的结果要好多了。母亲转到神经康复科后，父亲和我开始商量照护计划。他还在全职工作，我的两个姐妹也是，所以我本想持续推迟实地考察工作。父亲反对我这样做，要我去中国，说他们会解决的。没有其他商量的余地，于是我把父母留在住院康复科，而后飞往中国，花一年时间去采访被儿女留在养老院的其他父母。

以这段故事开头，我首先要承认，本项目在很大程度上也是一种个人尽孝（或父母尽仁，看你怎么看了）的行为。和马阿姨一样，我调查的许多养老院老人都曾经中风。即便在今天，母亲忍着中风后生活的艰难苦楚，面对我还是微笑的样子。所以当马阿姨靠在我肩头以代替她儿子的肩头哭泣时，这种交流不仅仅是研究数据。如今，随着时光积淀，眼界渐长，我意识

＊ 勃洛尼斯拉夫·马林诺夫斯基（Bronislaw Malinowski, 1884—1942），英国社会人类学家，被称为"民族志之父"，以在澳大利亚和新几内亚群岛上对土著部落的深入实地考察而闻名。从马林诺夫斯基开始，人类学家对异国他族的文化研究不再徒留于书本记载和想象，而是去当地住上一年半载或更久，深入参与当地人的生活，甚至学习他们的语言来交流和建立友谊。从1915年到1918年，马林诺夫斯基在新几内亚东北方的特罗布里恩群岛（Trobriand Islands）实地考察了两年多。——译者注

到曾经的不安影响了我问出（或未问出）的问题，或许让我在处理亲子关系时过于同情或宽容了。

项目背景

尽管我和调查对象们有些相似的经历，但项目本身还是关于中国城市中经历养老形势快速变迁的老年人和照护者的。有一位老人，87岁的退休教师周爷爷，在打麻将时谈到对当前形势的看法："（养老变化）原因很简单：生活好了，条件好了，医疗技术进步了。你看，20世纪30年代，中国人的平均寿命只有30多岁。在（20世纪）50年代，平均寿命也就40多岁。在过去30年里，生活好了，条件好了，人均寿命达到了70多岁。我都不知道现在有多高了。中国古时候有句话叫'人生七十古来稀'。70岁的人很少——相当少。但现在，70岁的人还被当作'小老弟'。"

正如周爷爷所言，养老形势变化的主要原因之一，是老龄化人口剧增。据世界银行数据库统计，2018年，中国65岁以上人口占11%，平均寿命为76.7岁，比10年前（老年人口为3.9%）增长了2.9岁（World Bank Group, 2019b）。这么显著，却还只是大规模人口转型的初期阶段。中国社会科学院2019年发布的一份报告称，到2040年，中国老龄化人口（即65岁以上）将达到总人口的23.8%，而平均寿命预期将达到80.3岁。就老龄化浪潮本身而言，并非中国所独有。2018年，日本人均寿命预期为84岁，65岁以上人口占27.6%，这使日本必须大力投资于长期养老服务（Ikegami, 2019; World Bank Group, 2019c）。然而，中国的经济和社会政策令它走上了"未富先老"的道路，这为谁应该、谁能够承担养老的问题带来了紧迫性和不确定性。

社会和经济背景

中国的人口老龄化被称作一场"汹涌的银发海啸（grey tsunami）"（L. Zhang, 2015a），但这一持续性的人口变化远非自然灾害。当代老年人的生命轨迹与整个国家的生命轨迹是一致的。因此，老一辈经历了这个国家的许多成长之痛。他们早年都在承受动荡，参加工作时拿着很低的薪水，而当他们退休时又开始了市场化改革。同时，他们这一辈还经历了"一胎化"政策（Greenhalgh, 2008）。之后的几十年，随着国内生产总值激增和收入提升，中国登上世界舞台，但养老问题并没能解决。如今，随着老龄化的日趋加剧，养老成为老年人和中年人必须摸索的又一个难题。

虽然2016年，一胎政策改为二胎政策，但30多年严格限制生育已经改变了家庭结构和意愿。[4]结果之一是人口失衡，称为"倒金字塔式"家庭结构（Zhan, Liu, & Guan, 2006: 280）或"4∶2∶1模式"，即成年夫妇负责供养4个老人和1个孩子（Greenhalgh, 2008: 182）。与此同时，经济和社会改革导致了工龄流动人口增加、女性劳动率提高和多代同居率降低（Y. Yan, 2009）。加上上文所说的寿命预期提升，这些因素都大大削弱了家庭实现养老需求的能力。

在中国历史上，政府把社会许多领域纳入管理，但照护领域是其鲜有打算也不想干预的少数领域之一（Fan, 2007; Zhao & Sheng, 2009）。不过，1996年，随着节育政策、经济改革和人口流动慢慢侵蚀了家庭支持结构，中国出台了第一部《老年人权益保障法》，正式规定了亲子赡养责任。从那以来，养老保障一直是中国的关注点，从最近"五年计划"的特别强调、1996年《老年人权益保障法》的持续修订和近期一胎政策的解除都可以看出来（Shum, Lou, He, Chen, & Wang, 2015; Xu et al., 2016）。

目前，政府倡导"9073"模式：90%老年人采用家庭养老，7%为社区养老，3%为机构养老，并大力鼓励对最后一项的私人投资（Xinhua, 2016; T. Zhang, 2016）。其中，第一项家庭养老，也是许多老年人的首选。过去，家庭养老等同于家人养老，但居住模式表明这已不再是常态。因为主要受到农村往城市的民工流动的影响，农村地区的多代同居率从1991年的70%下降至2006年的40%（W. Yang, He, Fang, & Mossialos, 2016）。意外的是，《中国健康与营养调查》抽样调查了全国15个省市约7200个家庭，发现城市地区的趋势与此相反：从1991年至2011年，城市多代同居率从35%上升至48%，与城市的房价水平呈正相关。

对于养老的影响是，随着变老，许多父母更愿意待在自己家里，而不是搬去和成年子女同住。因此，如今中国的空巢老人比例超过 50%，并有继续增长的趋势（Shea & Zhang, 2016）。虽然居住模式改变了，但家人仍然是养老的主力军。成年子女通常住得离父母家较近，常去探望，帮忙做饭或做家务。如果这些做不到，他们就会花钱雇照护人员，让年迈的亲属在家度过晚年。

养老的第二种选择社区养老，是指由社区组织提供一系列养老服务，帮助老人在家生活。这些服务包括社区诊所人员和邻里志愿者的定期家访、成年子女工作时寄托双亲的日托中心和其他卫生保健服务（H. Chen, Yang, Song, and Wang, 2017; Shea, 2017; Y. Zhang, 2020）。例如，1979 年以来，中国最"老"的城市上海，就一直在大力投资社区养老（Y. Zhang, 2020）。2013 年 11 月，我去那里参加一场安宁疗护大会时，高层人士提出在所有社区卫生中心配备提供安宁疗护和临终关怀的小型病区计划。这些努力还在继续扩展。张彦在 2017 年对上海老年痴呆症护理的实地调查中提到，上海有 560 家老年中心和 127 家微型养老院（10～49 张床位的小型社区养老机构）（Y. Zhang, 2020）。

本研究的对象"机构养老"，虽然被视为最末的养老手段，但在中国发展得十分迅速。在过去 10 年中，养老床位以每年约 10% 的速度增长。2020 年，20 万家养老院拥有大约 760 万张养老床位（Lei, 2020）。机构养老大致分为三种。第一种是社会福利院,是由税收和福利彩票公益金资助的公共机构。过去,只有无在世亲属、无收入、无工作能力(称为"三无")的老人住这类机构(S. Chen, 1996)。20世纪90年代末,随着中国福利事业的分散化,许多公共机构开始接受付费住户,这现已成为机构养老的热门之选(W. Yang et al., 2016)。一则报纸文章公布了北京最受欢迎的公共福利院"100年等候名单",其1100个床位有1万名申请者(Moore, 2013)。

第二种私人养老机构,通常没有公共养老机构受欢迎。后者被认为照护质量更高,也更经济实惠。这是由于市场改革之后,尽管政府大大缩减了对公共机构的投资,但仍在管理和规范这类机构(G. Liu, Vortherms, & Hong, 2017)。相比之下,私人机构往往缺乏监管,即便有政府的补贴和激励措施,也难以应对市场变化。[5] 为了提高收益,私人机构常常会以低于公共机构的接收标准来吸引更多住户。这样虽然能把床位住满,但更高的护理需求终归还是影响收益,从而降低了它的护理质量(Shum et al., 2015)。

对质量和费用的担忧,令许多老年人和家属选择了第三种机构养老方式——医院养老。公共医院和公共福利院一样,比私营机构管理更完善、监管更严格、资源更多,因而更受大众信赖(W. Yang et al., 2016; A. Zhang, Nikoloski, & Mossialos, 2017)。这导致了过度拥挤,公共医院大约占到90%的门诊和住院服务(Liu, Vortherms, and Hong, 2017)。在养老方面,公共医院也特别受欢迎,因为住院养老是唯一可以进行医保报销的机构养老形式。如今，养老服务正在变得越来越多样化。像上海等大城市的新型医疗机构，会提供住院照护、医疗照护或长期的分级照护，2019年，全国各地大约有4000家这样的混合型机构（Y. Zhang, 2020; Lei, 2019）。

一如所料，医疗费用是选择去哪里养老的主要因素。20世纪80年代，随着中国的对外开放，全面的社会福利体系被取消，包括公共医疗卫生服务。与此同时，尽管工资上涨了，医疗费用却涨得更快。为此，政府推出了许多医疗改革，目前在城市和农村地区基本实现了医保全面覆盖。然而，有研究者指出，城镇就业人员与无业人员、农村人员的医保存在较大差异（X. Liu, Wong, and Liu, 2016）。[6] 具体来说，他们指出，后者的医保计划程度较浅，住院费用的报销比例为44%~68%，门诊治疗的报销比例很少或没有（Liu, Vortherms, & Hong, 2017）。他们还发现，药品费用在门诊病人的自费中占2/3以上，在住院病人的自费中占1/2左右，对于慢性疾病患者的影响尤其大（A. Zhang, Nikoloski, and Mossialos, 2017）。此外，虽然政府为了简化医保报销，鼓励发展提供医疗和住院照护的混合型机构，但在这些机构内部，医保仍有分化，只覆盖医疗费用，不覆盖照护费用（Lei, 2019）。

根据当前的医保体系，许多患有慢性疾病、需要长期照护的老人通常难以负担照护费用。养老扶持的另一个困难是，许多老人由于工作时的低收入，实际上没有什么积蓄。部分城市，包括青岛、南京和上海，已经在试行长期照护医保和豁免计划，但深入性和有效性都不足（W. Yang et al., 2016; Y. Zhang, 2020）。我在昆明调研之际，所有机构费用都还是自费性质的。为了支付住宿照护和医疗费，许多养老院老人只能仰赖其他经济来源。中国 2010 年全国人口普查数据显示，1/4 的 65 岁以上城市老人主要依赖家庭成员的经济支持，其余的依靠养老金（Q. Jiang, Yang, & Sanchez-Barricarte, 2016）。

如上所述，自 1978 年中央计划经济和社会保障体系取消后，社会保障成为一大社会难题。2014 年在我调研期间，全国推出一项面向农村和城市无业人员、每月最低补贴 55 元的养老金普及计划。额度因地区而异，平均为 81 元，其中上海为 540 元，昆明为 84 元（T. Liu & Sun, 2016）。城市就业人员则从用人单位领取养老金（S. Li & Lin, 2016）。2014 年，昆明的人均养老金为 1955 元，每年大约以 10% 的速度增长（Du, 2015）。

由于当代老年人的经济和社会支持存在相当大的变数和不确定性，养老体验往往是复杂和不可预测的。我在切入这个艰难的主题时，参照了凯博文（Arthur Kleinman）等当代关注中国的医学人类学家的观点，他提出，我们应该认真对待衰老和照护的情感体验："面对亲身遭遇的危险和不确定性，文化大环境的动荡和似乎层出不穷的变化，普通中国人如何理解他们的经历？或者他们理解吗？他们如何寻求意义？这些心路轨迹造成了怎样的后果？此外，除了个体经历，寻求意义还体现了中国文化的什么特点？这种个体与环境、情感与道德的关联，又该如何来研究？"（Kleinman, 2011: 163）

在昆明为期 13 个月的考察中，我带着这些问题走进医院、养老院、住所和酒吧，从中国的社会生活和个体生活中探索关于衰老、照护和死亡的普世现象。这项研究并不容易。虽然我在美国做过发育障碍成人的有偿陪护，但这些机构中强烈的气味、声音、故事和痛苦有时是不堪忍受的。但是，那里的慷慨、智慧和善良也同样强烈。在本书中，我希望通过探索当代中国养老的新形式，以及老人、孝子和护工的新形象，来展示这些无比丰富的人性感受。

养老院研究综述

许多人类学家研究过中国家庭背景下的老年人和养老，但大多是关于农村地区的（Davis, 1991; Freedman, 1966; Parish & Whyte, 1978; R. Watson, 1991; Wolf, 1978）。也有一些社科领域的研究通过对城市养老机构采取调查和半结构式访谈，来考察老人和家属对机构养老率日益提高的反应（L. Chen, 2016）。总体上，调查结果都较为积极。大多数报告称，大部分老年人入住养老院后身心都有所改善（Cheng, Rosenberg, Wang, Yang, & Li, 2011），而且相比于以前的生活方式，他们更喜欢住在养老院（Guan, Zhan, & Liu, 2007），即使生活上仍不能自理（Zhan, Liu, and Guan, 2006）。老人对于这一转变往往还比子女更积极、更开明（Zhan, Feng, Chen, & Feng, 2011）。然而，在我开始本研究时，尚无在中国养老机构的长期民族志实地考察。

除中国以外，劳伦斯·科恩（Lawrence Cohen）、萨拉·兰姆（Sarah Lamb）和玛格丽特·洛克（Margaret Lock）等对非西方国家的养老经历已有了丰富的调查。科恩在复杂的民族志《印度无养老》(*No Aging in India*) 中，批判了把"依赖"视为衰老负面影响的大众观念，解构了现代化和家庭结构变化的必然联系。他举了一个例子，说一群住在自治型老年社区的老人，虽然组织运营良好，还是被社区其他人怜悯，因为他们显然没有家庭支持（Cohen, 1998）。顺着他的思路，其他人也指出，"依赖"存在于人生各个阶段，认可各种各样的"依赖"既反映也创造了积极的社会进程（Bateson, 2010; Buch, 2018; Chi, 2011）。人类学家还发现，衰老和养老经历进一步受到性别（Lamb, 2000; Lock, 1993; Wentzell, 2013）、人口流动（Ikels, 1983）和全球化（Lamb, 2009）的影响。

在《老龄与海外印度人》(*Aging and the Indian Diaspora*) 中，萨拉·兰姆细致地探究了印度老年人及老年社区是如何探索养老的新形式和老年自我的新可能的，从而重新定义了印度现代化。和我研究的老年人一样，印度老年人传统上也是依靠多代大家族养老。我的研究便是按照兰姆呼吁的，多关注老年人主体。我也赞同她所说的："尽管这些老年人被其他人，也被自己视为在很多方面代表'传统'，但他们同时也在非常积极地为自己和子孙后代打造新的生活方式。"（Lamb, 2000: 17）兰姆旨在考察现代化和全球化背景下的养老院兴起，本书则着眼于层层叠叠的历史变化中的养老经历。

在整个照护领域研究中，许多民族志考察处于生死边缘的人群，无论是患病者、衰老的人还是被忽视者，以探究人格是如何被构建、质疑、否定和捍卫的（Biehl, 2005; Kaufman, 2005; McLean, 2007）。对于一些人来说，由于医学将老年群体划分为各种疾病群体，这让他们拥有了新的主体形式，可以利用病情诊断获得人格和身份（Liebing & Cohen, 2006; Rabinow, 1999）。但对于大多数人来说，衰老和依赖就是可怕的社会性死亡：一旦不再是积极的生产者或生育者，老年人和依赖者便加入了无经济生产力的行列，在这个以市场为主导的社会中失去价值（Biehl, 2005）。

中国的老人也面临着这样的困境，因此本研究不仅是关于晚年生存的，更是关于死亡的。随着死亡日渐从私人家庭中转移到公共领域，死亡议题也推动着前沿医学的发展，动摇着国家对个体的掌控能力（Agamben, 1998; Biehl, 2005; Das & Poole, 2004; Hyde, 2007; Kohrman, 2005）。在照护员、病人和家属们摸索死亡变化的意义和模式的同时，越发显现出当代养老机构中死亡程序的复杂性（Chapple, 2010; Kaufman, 2005, 2015; Lock, 1996, 2002; Spiro, Curnen, & Wandel, 1996）。若昂·比尔（João Biehl）关于社会边缘者之死的动人民族志《生命》（*Vita*, 2005）和考夫曼关于现代医院死亡程序的记录《生死有时》（*...And a Time to Die*, 2005），多多少少流露出一个相同的主题，那就是谈到临终关怀时，总会在"放任死亡""加快死亡"和"杀害"几个概念中打转，尤其对于那些经济上无生产力、社会上不被需要的人。此外，正如洛克在关于日本器官捐献的民族志研究中指出的，死亡被视为一个瞬间还是一个过程，是一个个人体验还是一个社会事件，完全取决于文化背景（Lock, 2002）。

考夫曼对于现代美国死亡问题的道德看法是，"当'自然'不再属于自然，当知道它是社会和文化建构性的，它就不再是美好和正当生命的道德基础"（Kaufman, 2005: 352）。随着生命维持技术越来越先进，生死之间的界线越来越模糊，加上"崇尚希望生物学的大众文化"，这一基础终究会瓦解（Good, 2007: 377）。尽管这类技术可以拯救或延长生命，但当它被广泛普及时，"选择"用不用就是空话了，因为不用（亦即放任死亡）会显得比用更为残忍，哪怕延长生命最终不过是延长了痛苦（Kaufman, 2005, 2015; Krakauer, 2007）。

这些关于养老院和临终经历的强劲的民族志研究体现了重要的一点，就是要将考察地的所有要素都呈现出来，包括令人不适和痛苦的，认识到生命和美好的瞬间与强烈的痛苦是并存的（Biehl, 2013）。我在中国养老院听到的故事情感丰富而复杂，讲故事的人们亦是如此。我极力想通过描述他们的过往和当下经历，来展现这种"人性深度"，以示任何年龄、任何地方的人们都是"脆弱、衰退而又有志气的人类"（Biehl, Good, & Kleinman, 2007: 14）。

理论方向

本书的根本目的,是主要从老年人的视角,来呈现衰老和照护的日常经历。按照人类学家所呼吁的,"要相信我们研究的人群,也具有我们见诸自身的那种复杂性"(Biehl & Locke, 2010: 317),我用受访人的故事来充实我的理论,而不是用理论来硬套事实。从中浮现的主题,令我着重于现实经历的身体维度、时间维度、关系维度和情感维度的理论方向。

正如本书的书名所示,本项目探究了中国养老机构中"新""老"并存的现象,以及"新""旧"观念、理解和欲望的矛盾是如何塑造照护和被照护经历的。此外,它分析了养老机构中的变化是如何反映、回应和促进社会体制中的大变化的。由于这些元素错综复杂,要厘清它们需要灵活、弹性的理论。我在中国"新"养老院和其他医疗机构中的见闻,展现了中国新兴养老产业混乱不均的发展,因此分析理论需要能解释这股意外的、偶然的力量。

我特别关注了身体和躯体化(embodiment)问题。衰老和照护原本是针对身体的。在本书中,我借用了莫里斯·梅洛-庞蒂的现象学概念:身体是我们存在和构成世界的一部分,我们依靠它、透过它、限于它来感受时间、历史和变迁(Merleau-Ponty, 1945/1962: 85)。由于身体处于大的社会和文化环境中,对身体的处理会引发道德关注,以及关于家庭结构、社区和国家等宏大的社会问题(L. Cohen, 1998; Scheper-Hughes & Lock, 1987;

Wilkinson & Kleinman, 2016）。

在分析中国老年人的身体时，我沿用了苏珊·布劳内尔（Susan Brownell）的理论，她将托马斯·拉克尔（Thomas Laqueur）的西方生理学分类做了中国化处理。布劳内尔介绍了关于身体的三大中国观念。第一是"宇宙层次论"（cosmic hierarchical mode），认为身体通过本原物质在宇宙中的流转"与其周围的世界密切连接"，注重阴阳能量的平衡（Brownell, 1995: 241）。第二是人体内部循环的"流体系统"（economy of fluids），着重于调节内部的平衡。第三个特征是"单性别模型"（one-sex model），即"视两性拥有同一套基本生理体系"（Brownell, 1995: 242）。我在全书中会探讨，这些关于和谐、平衡、互补的躯体化概念是如何体现于各种经历中的。

为了弄懂这些衰老和照护的躯体化经历的大背景，我采用了权力与主体意识的理论。新的机构养老形式令国家对于人体和人口的管控问题突显出来。大多数研究这些"生命权力"（biopower）形态的理论运用了福柯"生命政治学"（biopolitics）理念，包括生命政治学和解剖政治学（anatamopolitics）*两方面。生命政治学是指比如国家运用权力提供或不提供某些福利服务，以及官方规定的照护办法；解剖政治学是指比如打造出遵循这些服务和规定的"现代人"，包括寻求或提供这类照护，或采用

---

* "生命政治学"指对人口的调控、干预和管理，"解剖政治学"指对人的身体进行控制、干预和管理。——译者注

自我规训行为（Foucault, 1976 /1990: 141, 142）。然而，我没有采用福柯的方法，我认为尽管许多生命政治计划刚开始有明确、具体的目标，但最终的结果却很少是顺意的（Ferguson, 1994; Greenhalgh, 2008; Scott, 1998）。其原因在于，许多现代人终归不能"按规矩行事"（Redfield, 2005: 65）。于是，在个人和社会计划的预期和现实的落差之间，就萌生了改变的种子。

为了深入挖掘这些改变的人文意义，我试图探求老年对于老年人意味着什么。我采用"新主体意识"（emergent subjectivities）概念，来阐释不断变化的感受、期望和欲求，描述老年人与自我、他人、宏观历史和社会进程之间不断变化的关系（Inhorn, 2012: 34）。我还揭示了当今许多老年人所经受的情感、身体和社会苦难。与伊恩·威尔金森（Ian Wilkinson）和凯博文近期的著作一样，我把这一苦难视为宏大的社会和文化变迁浪潮的一部分（Wilkinson & Kleinman, 2016）。通过见证这些苦难，我希望彰显关怀和照护工作在当今社会的道德和伦理意义。

方法论

本书数据采集于 2013 年至 2015 年为期 13 个月的昆明实地考察。有着 670 万人口的昆明，是中国西南部的云南省省会。云南与越南、老挝和缅甸接壤，以风景秀丽著称，气候温和，拥有丰富的自然资源，包括茶叶、烟草和橡胶（Harrell, 2001）。

云南还是中国民族最多样化的省份之一，55个少数民族中的25个的聚居地。尽管远离国家的政治和经济中心，但气候和风景使它成为旅游和养老的首选之地。

本研究项目始于2011年，我初次来到昆明，联系当地的养老研究员和服务机构，取得在安宁疗护病房和养老机构进行研究的书面许可。本研究获得耶鲁大学学术审查委员会批准，和当地一所医院院长的督导。我曾在美国做过发育障碍成人的有偿看护，对于养老机构的生活节奏有所准备。我总共与不同社会和经济背景的老人、家属和照护员，以普通话进行了72场录音采访和调查。经过10年正式语言训练和之前长达1年在北京的体育项目研究，我能轻松地用标准普通话与人交流。虽然我花了几个月才学会当地的方言，但大多数受访者会说普通话。早期有3场采访的工作人员只会说昆明话，由一位当地的研究助理随同做了翻译。不过，其余采访都是由我一对一进行的。

研究助理除了协助进行早期的采访，还帮忙把采访转录成汉字，以及翻译书面材料，再由我和一名当地医生审阅、修改。转录稿比较便于回顾采访，但人物语录还是采自录音，转录稿用来参考和修正。受访人员和机构都采用了化名。

在研究的第一阶段，从2013年10月到2014年5月，我主要在医院的老年科和安宁疗护科收集数据。我住在一家繁忙的市级医院里，基本每天都在安宁疗护科度过。由于该科的病人大多病重到无法接受采访，数据主要来自观察和对照护人员的采访。我在这家医院采访了20名工作人员。其中，18名为女性，

19名为云南人，平均年龄为36.7岁。此外，通过跟随医生和护士巡房、旁听员工会议，以及参加上海和北京的安宁疗护大会，我还做了一些观察记录。

在研究的第二阶段，从2014年5月至11月，我继续定期走访安宁疗护科，但数据采集的重心从医院转移到养老院。本来在实地考察之前，我已经拿到在一家所谓模范养老院进行调查的书面许可，但在调查初期就受到了阻碍。不过，通过医院熟人的介绍，我得以转向几家据他们说比原定考察地点更真实的养老机构。

我主要的考察点——玉山老年公寓是一家私营机构，大约有300个床位，平时总是满员。与昆明其他养老机构相比，它在费用、规模和服务质量上属于中等水平。玉山老年公寓的月收费为2100元左右——与当时该市人均月养老金水平相当。老人的照护需求从完全自理到二十四小时看护不等。玉山老年公寓比我访问的其他养老院更老旧、破败，由于低收费而吸引了更多高需求的住户。白天，公寓里只有一名医生值班，而且没有任何心理健康服务。照护人员一般为来自附近农村的中年女性民工，她们住在公寓里，负责大部分照护工作。

在研究的第二阶段，我记录了玉山老年公寓的60次访问情况，平均每周3次。此外，我还参观了昆明其他的养老机构，有高端的和低端的、公共的和私人的、城市的和农村的，总共对8家不同机构进行了75次以上访问。[7]我会在周末和工作日过去，探视时间一般为早上8点到晚上8点，我在午休时间之前离开，或午休时间之后再过来。我被获准自由进出和与居民单独交流。与第一阶段研究一样，这一阶段仍以对象观察和开放式访谈为主。我对 15 名老年男性和 18 名老年女性进行了一对一的正式采访。采访经获准进行了录音。这些老年受访者平均年龄为 74 岁，所有人至少有 1 个孩子。我先口头提问一组问题，来判断他们的认知能力，并为不识字者朗读了知情同意书。

这些录音式采访是本书中直接引用的材料源，约 250 小时的养老院对象观察是本研究的数据基础。许多中国老人对签署文件很警惕，有几位我最亲近的受访者不愿或不能做正式采访。不过，通过对他们的观察，仍能帮助我理解日常养老经历。我平均每天与 10 ~ 15 名老人或工作人员交谈。我们有时会一起吃零食、打麻将、闲聊或唱歌，但大多数时候就是静静地坐着，看影子变长变短。交谈的时候，我在一个小笔记本上做笔记，每天结束时把它们打成调查笔记，存入密保电脑，再用 Dedoose 软件进行转录和编码。

此外，我于 2015 年 9 月回到昆明，完成最后阶段的研究。在那次短暂的访问中，我记录了几位关键对象——本书中频繁出现的张威、马美花和万龙等的第二批采访。我请他们详细谈了谈在数据分析中得到的几个主题，再将谈话与之前的发现做比较。

本书导读

第 1 章先从亲子关系的角度分析中国新兴的养老形势。几千年来,儒家家庭伦理塑造了中国的集体意识和社会结构。在养老方面,"孝"的观念是亲子关系中最核心的道德元素。在本章中,我指出,当前的研究主要集中在孩子视角上,往往忽视父母也在持续贡献,也是主动的道德创造者。为补充父母视角,我将"孝"视为基于平衡与和谐的整个家庭伦理体系的一部分。我认为,尽管"孝"是一个关键的道德因素,但"善""爱""仁"的观念,对于理解中国以家庭为核心的伦理基础上的当代养老转型同样重要。

第2章从宏观历史的背景分析当代养老转型。通过聚焦于老年人及其个人历史,我展示了如今的老年和养老生活是实实在在全新的。我通过"躯体化"的概念追溯了过去一个世纪的中国历史事件对几代人不同的复杂影响,并通过具体故事来说明,过去的历史仍然影响着当下的晚年和养老体验。我探讨了过去和未来的困难,是如何造就一批必须摸索陌生的养老环境、探索崭新的老年形态、重新设想中国养老方式的道德先锋的。

第3章从空间与场所、想象与现实、抽象与具体的矛盾中,深入分析这一新兴的养老形式。我通过对养老机构的详细描述,展现了不同形式的养老院,以及制造场所的复杂背景。我还探讨了这些新型场所如何吸引了不同的群体,他们对于养老院的场所性质有着不同的理解。我采用"节奏"和"规矩"的概念来分析、定义养老院空间和场所的生物、自然和社会时间,并且讨论了老人和照护人员如何通过实际行动来理解、争夺、抵制、制造和划分种种空间。

在第4、5章，我探究了中国养老的难点所在。通过分析中国家庭和机构养老的定义和期望，我提问应该由谁养老、如何养老，以及为什么。我以一些日常养老实例来展现家庭、社区和机构养老分别是如何进行的。第4章讲述了非正式的、无偿的照护，而第5章讲述了有偿的照护在机构中是如何运营和流通的。我将照护视为养老机构中的一种"关注能量"，看照护者和老人如何分配、循环、节约和激励这种"本质上稀有的社会资源"（Buch, 2015: 279）。

第6章探讨了机构养老的阴暗面，以及临终干预使得如今养老院老人的生存和死亡变得更为复杂。我展示了医疗技术、人口结构变化和照护的转变，是如何共同将"临终"变为一种诊断，并受到医保规定、当地生物伦理和有限资源制约的。对于那些既得不到医疗照护，又得不到安宁照护的人来说，生命本身变得病态，许多人感觉处于一种慢性生存、苟延残喘的漫长状态中。

第1章
子女之孝，父母之仁

"穆穆文王，于缉熙敬止！"为人君，止于仁；为人臣，止于敬；为人子，止于孝；为人父，止于慈。*

——《大学》

在将近七个月里，我每周都去玉山老年公寓造访几天，那里的工作人员一见到我就摇头，或叹息责备道："你又来了。"在那一个个炎热、寒峭、刮风、下雨或晴朗的日子里，我总是要么来早了，要么来晚了。一位人脉很广的当地医生为我引见了这家养老院的院长罗立，他为这以后可能带来好处而挺乐意的。不过，忙得脚不沾地的员工们很不理解为什么我总是，像

---

* 大意为："'德行深厚的文王啊，多么光辉可敬！'作为君王，做到仁爱；作为臣子，做到恭敬；作为儿子，做到孝顺；作为父亲，做到慈爱。"——译者注

他们说的,过来"晃悠"。最开始为了解释我的研究目的,我让罗院长审核了采访计划。他皱着眉,摇着头,指出许多他说"没有意义"的问题,比如是否成婚("大家都结婚了!")或是否是城市移民("没意思!")。但是,当他说那一整块关于"孝"的问题都没用时,我很惊讶。他估摸道,只有3/10的人知道什么是"孝"。我跟他说我还没碰到这种情况,他说我肯定只和老年人聊过。他说的有道理,但我也采访过许多较年轻的人,发现中年人其实对"孝"的话题比老年人更感兴趣。一位31岁的女医生郑丽曾说:"还有什么比孝更重要?在我看来,孝包含了许多东西。应该说许多东西都包含在里面,所以它比较全面。没有什么比它更重要了。"

同样在养老院工作的院长和医生出现的观点分歧,揭开了调研期间一直困扰我的一个问题。刚开始研究中国的"新"养老院时,我的理论方向和郑医生一样。毕竟和谐的家庭关系,比如晚辈赡养长辈,构成了中国道德和传统习惯的基石,所以我认为近年来中产阶级老年人住在养老院,而不是与健康的成年子女同居的现象,与其核心价值观是冲突的。尽管可以理解是社会、人口和经济因素导致了这一新的养老安排,但问题是,它对于个人、家庭和社会有什么道德意味?

中国著名人类学家阎云翔说:"养老方面最重要的变化,在我看来,是孝道观的瓦解和最终崩塌。"(Y. Yan, 2003: 289)通过分析,他系统地展示了20世纪中期数十年的建设是如何打破孝道的制度支持,从而"破除了长辈和孝道迷信"的(Y. Yan,

2003: 189)。他指出，市场化和个体化是破坏孝道的罪魁祸首。虽然阎云翔的分析没错，论证也严密，但孝道仍以很现实的方式存在于社会层面上。它是新政策，包括《老年人权益保障法》的基础（Shum et al., 2015），并出现在所有关于养老的学术和大众讨论中。当然，一项传统的用途未必在于践行。中国早期社会学家费孝通在20世纪40年代的著述中指出，人们喜欢"通过重新诠释旧的权威之物，来捍卫社会变革"，最终导致"事物的名义与其实际相差越来越远"。他进一步表示，只要人们"玩弄形式，就会重新定义，甚而改变其实质"（X. Fei, 1948/1992: 89）。

近期的实证研究佐证了他的说法，孝道虽然捱过了社会变动，但是要靠亲子双方花很大力气来调和、诠释和重建孝道的期望和实践（D. Wang, 2004; Whyte, 2004; Zhan, Feng, & Luo, 2008）。不过，这些研究大多关注的是年纪较轻或自立的老人。例如，一项研究分析了19,415名60岁以上老人的调查结果——其中95%不需要子女的物质支持——发现只有1.5%认为子女不孝（Mao & Chi, 2011）。而邵镜虹（Jeanne Shea）和张彦发现，在上海，即便需要却未得到子女照料的老人，也不认为孩子不孝，而说能够理解他们"忙于自己的生活"（Shea & Y. Zhang, 2016: 375）。

詹合英（Heying Jenny Zhan）在城市养老机构收集定性数据多年，也称老年人对成年子女孝顺情况的满意度高（Zhan, Liu, & Guan, 2006; Zhan, Feng, & Luo, 2008）。同样，在我的调研中，所有受访老人都有成年子女，却接受付费照护服务，无论是在家还是在养老机构。从外人的角度看，有些还是近乎受抛弃的情况：一对老夫妇称，一年难见到家人一次。尽管如此，在我正式采访的33位老人中，虽说与家人的亲近程度不一，但只有一位称孩子不孝。

一方面，这些出乎意料的积极反馈可能是缘于不愿向外人承认或吐露对自己家人的不满和失望感。例如，詹合英等人对265位老人和114位家属的定性调查发现，49%的受访老人称是主动提出搬进养老院的，而仅28%的家属称是老人想要搬去的（Zhan, Feng, & Luo, 2008）。他们怀疑，这一差距是源于子女的负罪感，或父母对于不孝行为的挽尊性反应。对于人们真正的想法和感受，我们无从得知，毕竟他们可能自己都搞不清楚。不过，在实地调查中，我惊讶地发现，很少有人说出对孩子的不满。虽然养老院老人常说思念家人、希望他们多花点时间陪伴自己，但没用孝不孝来表述这些愿望，也不认为自己像阎云翔调查的农村老人那样，"理所应当接受赡养"（Y. Yan, 2003: 178）。

从我做实地考察前翻阅的文献来看，养老院生活应当充满对孝道崩坏的担忧。然而，从对老年人的观察和交谈来看，事实并非如此。这些老人为什么以及怎么还会认为他们的孩子孝顺，或坚称他们孝顺？此外，如果孝道崩坏的话，损失最大的终究是老年人，为何他们还没有年轻人或社会学家那么关心这一问题？如果老人认为进养老院与孝不孝无关，那么他们的养老经历转变中涉及的是哪一块道德？最后，这些问题何以解释罗院长所谓的"没有人再懂得孝"和郑医生所谓的"没有什么比孝重要"之间的矛盾？

在这一章，我将从以下三方面来解答这些问题。首先，阐述儒家家庭伦理基础，以及它数千年来是如何造就中国的集体意识和社会结构的。其次，我将从现有的历史角度和现代角度来回顾一下孝道观，以证明尽管论述孝道的理论文献颇丰，但主要着重于亲子关系的子女一头。学者们虽然探讨了孝道的创造性、灵活性和主动性，但通常是在长辈期许和传统义务的静态化、局限性的框架下。其结果是忽视了长辈的持续贡献和其作为道德创造者的主动角色。

出于这一考量，我从本章第二部分起放宽视野，将孝视为一个基于平衡与和谐的大伦理体系的一部分。我将通过分析其义务性、期许性和互惠性，把镜头转向长辈视角的代际交换上。比起责任和义务，我更重视长辈的期望、奉献和理解，尤其是涉及平衡性互惠的考量。我认为，对于老年人来说，善、爱和仁更全面地展现了现实中亲子关系的面貌。最后，我将说明为何只关注年轻一辈的道德缺失，就忽视了老一辈衰老和机构化养老的个体经历，也忽视了他们生理、经济和情感挣扎所映射出的宏大社会背景。

孝道

陈金樑（Alan Chan）和陈素芬（Sor-hoon Tan）在其编著

的论"孝"一书的序言中讲道:"毫不夸张地说,从古至今,对孝的重视渗透到中国文化的方方面面。"(Chan, A. & Tan, S., 2004: 1)这点毋庸置疑,但我发现,仅以"filial piety"来译称这一价值体系,无法让许多英语国家人士真正理解它的道德和情感意义,尤其是它在中国人心目中起到的深层作用。当我和我父亲谈起这个话题时,他问中国的孝与他在明尼苏达州郊区农场成长中所见的有何不同。他记得许多家庭,包括他自己家,都是多代同堂,而且在家给老人养老。在美国,也只有最贫困的老人晚年会在福利院度过,而经济需求、地域流动、对家人的关爱程度等因素会影响到许多照护决策。但是,造就了中国伦理并辐射到个人和社会生活各个方面的"孝",比西方文化中的更加鲜明和符号化。基于这一特殊性,像其他一些学者一样,我在本章通篇采用"孝"这个字,而非其英译法(X. Feng, 2008a)。

在《论语》这部公元前479年孔子逝世后不久,由其门生整理成的语录中,"孝"被视为"所有仁举之根"(Legge, 1861: 2)。这一核心是"儒家伦理最显著的特点之一",并延伸到生活的方方面面(Wong, 2008)。事实上,敬老不仅是中国的典型特色,也是整个东亚的典型特色。夏洛特·伊克尔斯(Charlotte Ikels)等人在《孝》(*Filial Piety*, 2004a)一书中,全面分析了这一美德的历史和文化背景。伊克尔斯在前言中阐述了汉字"孝"的结构,即上面一个"老"字,下面一个"子"字(Ikels, 2004b)。和其他很多会意字一样,它的含义既清晰又模糊。从一个角度来看，下面的"子"支撑、托举着"老"；从另一个角度来看，"老"的地位在"子"之上，反映出世代等级制或宗族观；再换一个角度，老与小在"孝"字中呈现出相互绑定、相互连接、相互依靠的关系。和这些多元阐释一样，大多数关于"孝"的研究强调它作为行为准则、信仰体系、历史理想、互惠形式等多重的作用（W. Li, Hodgetts, Ho, & Stolte, 2010）。

冯欣民在其翻译的儒家奠基之作《孝经》的前言中谈到，孝不仅是个人行为的准则，更是整个社会秩序的蓝本。他解释说，这一美德在传统意义上是中国公民社会的基础，犹如其他文化中常见的宗教规范一样（X. Feng, 2008a）。正如年近90岁的养老院老人张威告诉我的，"你们美国人说上帝给予生命。我们说父母给予生命。我们必须给他们相应的感恩。"

孝无处不在的影响力，也体现在少有受访者能明确指出他们是何时、何地、如何学会它的。"它从古流传至今，"一位24岁的护士解释道，"每个人从小就知道。"另一名女性受访者，29岁的佛教安宁疗护医生，这样解释道："我觉得孝不存在'知不知道'，它是中国的传统之一。你看到老一辈人这么做，就知道你应该这么做，也知道你应该怎么做。好比说'一代人在做，下一代人在看'。"

虽然受访者们不记得自己是如何接触到这一概念的，但多数历史证据表明，孝起源于西周时期（约前1046—前771）。到汉代（前202—220），它已成为读书人和士大夫的关注重点（Chan, A. & Tan, S., 2004）。"孝"与"仁""礼"等儒家道德核心概念都强调了人与人之间的道德依赖性，说明儒家道德体系不是个体性的，而是关系性的（Wong, 2008）。虽然"孝"的含义最初来自《孝经》《大学》和《论语》等儒家经典，但它也对中国的佛家和道家思想产生了影响（Chan, A. & Tan, S., 2004）。不过，这些儒家经典及其所述美德的深远影响，主要是由于数个世纪以来——直至 20 世纪初——所有有求学之志的男儿都必须记诵它们（Eno, 2016）。

但是，孝不仅是一种意识形态或思想活动，它还是一种道德典范，一种人格内核。据《孝经》所述，孝始于爱护自己的身体发肤，终于立身行道、扬名后世，为父母争光。由于父母和儿女之间天然的爱，"教导无须刻板，即能顺利施行"（X. Feng, 2008b: 11）。教导包括身体健康、冲突处理、家庭生活、疾病死亡、悼念祭祀等方面。不过，比起行为，人们更重视态度。正如《论语》所述："色难。有事，弟子服其劳；有酒食，先生馔，曾是以为孝乎？"*这些面向学者和其他知识分子阶层的儒家经典，也启发了更大众化的行为典范，如《二十四孝》中的那些典范（Jordan, 1986）。我的受访者们多次提到这部简短的 12 世纪典籍，它讲述了践行孝道的极端范例。由于我在明尼苏达州长大，对于吴猛的故事特别有感触："晋代吴猛，年方八岁，侍奉父母非常孝顺。家中贫穷，床上没有蚊帐。每逢夏夜，总有

---

* 大意为："（侍奉父母）难在容色恭敬。有要做的事情，由晚辈去做；有好吃好喝的，让长辈去享用，难道这就算是孝了吗？"弟子，此处指晚辈；先生，指长辈。——译者注

很多蚊子叮咬皮肤，恣意吸血。虽然蚊子多，吴猛却不会赶走它们，生怕它们离开他去叮咬父母。他多么爱自己的父母啊！"*（Jordan, 1986: 90）

孝道与权力

自古以来，社会科学家都认为，家庭是人类社会化的主阵地，在个体心中播下集体意识的种子，从而反映和构建了社会和道德秩序（Durkheim, 1893/1960）。然而，早在西方社会科学家形成理论之前，儒家典籍中就明确提出和发展了一套不可分割的个人-家庭-社会关系，主要通过"孝""仁"和"礼"的美德来实现。作为未来领袖的指导用书，《大学》曰："欲治其国者，先齐其家；欲齐其家者，先修其身。"这一秩序中包含了四种关系规范：父子关系、夫妻关系、婆媳关系和兄弟关系。

学者们，尤其是女性主义学者指出，以"孝"为主的道德虽然带来稳定和秩序，但也带来等级关系和社会不平等的制度，比如父权制家庭和帝制国家（Ebrey, 2004; Sangren, 2017）。由于儒家思想阐述了家庭内部和外部权威的价值，采用这样一种下级服从上级的信念体系符合国家的利益（Sangren, 2017: 227）。纵观整个历史，尽管"孝道"的有些部分与统治阶级的

---

* 《二十四孝》中多为此类极端尽孝的典故，其他如"枯竹生笋""卧冰求鲤""郭巨埋儿"等，其道德寓意大于现实意义。 ——译者注

利益冲突，但也能用来鼓舞人们的无私、奉献和责任精神，所以"孝道"仍具有影响力（Davis, 1991; Ebrey, 2004）。

这种等级化制度的依据，归根到底是基于最原始的关系——亲子二元关系，其本身就是不平等的（Ivanhoe，2004）。桑高仁在新近著作《痴孝》（*Filial Obsessions*）中，从父子关系探究了这种不平等，视其为"一种由孝子的自发行为来定义主体性的制度化幻想"（Sangren, 2017: 294）。父子二元关系非常重要，因为传统上中国的家庭结构是父权的、父系的、从夫居的，即权力、遗产和居所由男性继承（Parish & Whyte, 1978）。桑高仁分析道，中国背景下父子关系的特点，是父系权威与孝道核心的"自我理想"的矛盾（Parish & Whyte, 1978: 135）。这种矛盾造成了父亲权威和儿子欲望的紧张关系。许多地方志案例中都有"意欲保留权威而拒绝移交"的长辈，与"渴求父母权威的晚辈"之间发生的冲突（Parish & Whyte, 1978: 151）。德博拉·戴维斯（Deborah Davis）发现，在推行农业合作化之前，老一辈，尤其是农村地区的老人，可以控制年轻一辈直到死亡。虽然不常见，但农村老人可以通过推迟房产或财产继承，来宣示自己的权威。城市父母拥有更多的官场或职场人脉，也能利用这种关系对子女施加终生的控制（Davis, 1991）。

然而，桑高仁最终指出了这种家长权力绝对化的问题。由于孝道观是超越生死的，所有人都是人子，终究要从这一原始身份中获取权力。与安吉拉·齐托（Angela Zito, 1997）一样，桑高仁解释说："遵守孝礼是借助人子的身份，来塑造长者的身份。换句话说,'孝行'最厉害的作用之一,是通过表现自己是服从'天道'(尊长)的孝子,既合理化又行使了自己的社会权威。"他的分析是站在人子的位置和角度上,把人父视为"一种想象的、天道的投射"(Sangren, 2017: 226)。

虽然桑高仁的分析为这一权力关系打开了新的视角,但还是以晚辈为核心的,忽视了父辈之为父辈的真实感受,以及超出子女想象的双亲的现实生活。我不是批评他的研究,而是指出中国亲子伦理研究上的一块空白。这种以晚辈为核心的方法导向,一部分是因为连儒家典籍中也基本没有父母角度的探讨。正如一位学者所说:

> 翻阅《论语》和《孟子》,会发现关于亲密关系的核心问题,是如何表达对父母的爱和尊重。相比对于父母义务的几乎沉默,对于子女孝道的持续要求几乎是奇怪的……一些儒家学者认为,之所以不谈父母义务,或许是因为父母表达对孩子的关爱是如此轻易、自然,以至无须单独讨论;而相应地来说,子女表达对父母的爱显然更为困难,故需要强调孝道。
>
> (Herr, 2003: 481)

按照桑高仁的逻辑,史籍上对于亲子关系中子女义务的强调,也可能是由于,在所有家庭道德中,"孝"是最普遍的:所有人都当过孩子,但未必当过父母。但是话又说回来,这还是没有认识到父母道德的现实存在，以及所有孩子都是因父母才有"孩子"身份的。因此，我认为，与其通过拉伸或颠倒孝道来解释老年人的道德感受，不如放宽眼界，从和谐、平衡和统一的角度来看待亲子关系和"孝"本身会更有益。

互惠与义务

人们常说"孝"是根，但根据儒家的典籍《中庸》，平衡才是"生出人世间所有行为的大根"，而"和谐是它们都要追求的共同目标"（Legge, 1861: 248）。对于平衡与和谐的强调充斥在中国文化的方方面面，决定了中国人对健康和疾病、自然现象以及人际关系的理解。在对黑龙江省下岬村村民的研究中，阎云翔谈到中国的基础互惠观念——"报"是如何反映在送礼的四项基本原则中的。第一，好人奉行互惠关系；第二，送礼要依据社会和亲缘等级送对礼；第三，送礼要送对场合；第四，回礼要不同，要后送，且比原礼略大一些（Y. Yan, 1996: 125）。

社会和亲缘等级是基于《中庸》中描述的五种"普世义务"关系：君臣关系、父子关系、夫妻关系、兄弟关系和朋友关系（Legge, 1861: 273）。虽然起源古老，但这些互惠关系对于当代中国社会仍有很大的意义。例如，安德鲁·基普尼斯（Andrew Kipnis）发现，在非亲属之间，互惠交际网——"关系"决定了一个人的身份。在他的研究中，村民们"重塑关系网时，也在重塑自我"（Kipnis, 1997: 8）。同样，戴维斯称，中国的人际关系中"充满回报的义务"（Davis, 1991: 10）。由于非常重视维持平衡的关系，违背互惠原则会导致颜面受损，有社会性和道德性恶果（Y. Yan, 1996: 137）。虽然互惠原则原本是为了加强关系，但也令一些人"担心加入人际活动最终会被迫承受无法或不愿酬答的义务，从而减少了有意义的社交约定"（Davis, 1991: 10）。

但是，不管一个人如何孤立，都无法完全逃避义务；每个人生来都背负着"原债"。桑高仁称，父母赐予的生命之礼是一份"天生充满矛盾"的债务。由于永远无法报答完，它造就了一种无法打破又无法逃脱的关系（Sangren, 2017: 263, 229）。不过，在分析送礼时，阎云翔指出，最大的人情——那些无以为报的"恩情"并非是要让人一生承受焦虑的义务，而是为了培养感恩之心（Y. Yan, 1996: 144）。生命之礼就是这样一种"恩情"，这一原礼的分量如此之重，以至即使孩子送父母礼物，"收受方也总是高送予方一等"（Y. Yan, 1996: 63）。

放到追求"和谐"的大背景下，这一原始失衡造成了一种张力，从而产生了与"孝"相关的道德活动。许多对父母贡献的分析由此开始，也到此结束。虽也谈到终生的养育孙辈或资源交换，但大多数阐述将老人置于亲子交换中完全收受的一方："这类价值观的基本立足点是，父母凭借生命之礼和早期养育，有资格终身索取孩子的资源。孩子供养年迈的父母，父母心安理得地依赖成年子女，因为两代人都相信，父母给予孩子肉身和幼年照料，要求孩子在父母老年时予以回报"（Davis,

1991: 53）。

然而，我调查的所有老年人，尽管给予了孩子生命和早年抚育，却并不觉得理应收取孩子的资源。相反，即使是独自居住或住在养老院的，都表示担心拖累子女，为有所需求而感到愧疚。在这种情况下，"原礼"（生命和养育之恩）未变，临终"回礼"却变了。尽管如此，他们坚称子女是孝顺的。义务和恩惠，作为追求和谐的伦理体系中的失衡表现，算是孝道回礼的初始动力源。但这无法解释面对这般变化时，为什么还能维持孝道。我的看法是，不是因为父母的消极道德行为，而是他们持续积极的道德行为，才让孝道在这般境况下得以为继。

如上所述，"孝"本身不是目的，而是一种根基。从依赖、责任和义务的经历中生长出"仁"。从孩子转变成父母时，孝顺成长为宽厚的仁慈。一位最近当上母亲的 29 岁医生的话，就反映了这一成长：

> 我不指望我儿子照顾我什么的。我想，我就找个养老院了。我不想增加他的负担，但对于我自己的父母，我肯定还是会照顾的。因为自打我结婚，我就一直在考虑——等我父母老了，我想把他们接过来照顾。我觉得我们这一代和下一代不一样。我们不指望下一代也能这样。
>
> 因为父母，在中国就是，对子女不求回报。人人都是这样。我觉得我们大家都是这样想的。我的孩子完全是我的责任和使命。我照顾他，供他上学，把他养大，包括以

后给他买房，等等。在中国好像人人都是这样，人人都觉得这是我个人的责任，好像没有谁会指望孩子来回报他们。人人都是这样，包括现在的我自己。我也是这样想的——我不求孩子的回报。只盼他健康快乐地长大，就够了。

作为"孝"的源头和果实，这种父母"仁"的互补性美德，与孝一起维持着亲子关系的和谐，但在养老讨论中却往往被忽略。在本章的下面几部分中，我将通过重点挖掘父母视角来加深对新兴养老模式的理解。我会说明，"仁"也是亲子关系中很关键的道德因素。我认为这一关系不是基于义务或责任，而是面对生活的无尽变化时，为了平衡与和谐所做的一种共同努力。

交换与平衡

据我调查的老年人表示，大体上他们子女现在的生活，在物质条件上比他们过去好多了。然而，许多老年人觉得他们的养老需求对于孩子是一种负担。产生这种观念的原因，一部分在于一些宏观历史因素，割断了中国父母过去和子女终生进行代际交换的传统。例如，年近90岁的住户张威，在孩子小的时候被打成"右派"而入狱，后来孩子们作为"下乡青年"被派到农村。这些事件导致了在孩子小的时候他没能好好照顾他们，因此，老了之后，他觉得无权受用他们的资源。

在和张爷爷的一次交谈中，他回忆了80多年前的童年，当时和堂表亲戚、祖父母们生活在一个大家庭里，大家互相照顾。但是，时代变了，现在他想要"解放孩子们"。他讲述了他是如何住到养老院的：他本来和女儿一起住，女儿曾经是下乡知青。他们以前被下放到同乡的人有时会小聚一下。出去聚会时，女儿就安排家附近的餐厅给他送一日三餐。然而，有一次她和丈夫要出去两周。他们就商量该怎么办，尽管没和张爷爷说他们的顾虑，但他听到了他们的谈话。他主动找他们说，他觉得他们给他找家养老院比较好。他们反对，但他坚持。现在他们自己也退休了，有了孙子孙女。他们每个礼拜天来看他，待不到一个小时。他盼望他们能待久一点，待一整天，但"不敢"叫他们这样。他就"把自己放在第二位"，知道无论家人来不来、来几次，总是把老人挂在心上的："我没有怨言。我不能埋怨他们。"

研究者发现，亲子权力关系早在抗战胜利后就开始改变了，当时推行的土地改革以及建国后的农村合作社削弱了代际交换的经济基础和思想基础（Newendorp, 2017; Y. Yan, 2003）。近年来，市场经济观念将"互惠原则"重新定义为"理性计算的平等交换原则"，然而当代老年人由于之前挣的工资非常低，无法采取这种交换（Y. Yan, 2003: 189）。此外，居住空间缩小、子代收入提高、孙代减少都阻碍了多代同居，切断了这条老父母为家庭做出贡献的主要途径。尤其是残疾和无法自理的父母，无法参与到代际交换中，只能作为受惠方，这就增加了他们的内疚感和负债感。

这些常见的因素解释了为什么许多老年受调者觉得自己是社会和家庭的负担，但是我认为，物质性失衡不是他们进养老院的主要原因。一方面，住养老院通常是增加而不是减少老人家庭的经济负担。[1]另一方面，大多数老人承认，他们的经济状况总体上不是自己造成的，而是无能为力。但正如《论语》所强调的，亲子交换应当超越物质层面："今之孝者，是谓能养。至于犬马，皆能有养。不敬，何以别乎？"*即使父母无法有效地参与物质交换，他们仍然有力地掌控着亲子的情感交换状态。从这个更抽象的层面上，可以更好地理解为何年迈的父母不顾子女的反对，决定搬进养老院。

　　养老院老人常常骄傲地表示，他们向孩子要求得多么少。"我不要求任何孝顺……对我来说，我就满足了。我提什么要求，他们都满意。对于我来说，这就够了。"一位67岁的老人说道。将自己的需求和欲望最小化，是老人们应对亲子关系失衡的策略之一。策略之二，是为孩子提供无形资源，以代替有形资源。例如，张爷爷觉得，主动搬进养老院是给予女儿真正想要的东西——时间、金钱、空间和自由。他力所能及地维持了亲子关系的和谐，或至少是感觉上的和谐。

　　用张爷爷的话来说，他选择住养老院与女儿的孝顺无关，

---

* 大意为："现在所说的孝，是指养活父母。即使狗和马，都能养活。对父母如果不恭敬，与养牲畜有什么区别呢？""犬马皆能有养"，一说指犬马也能服务人、侍养人，一说指犬马也能养活其父母，人对父母不恭敬，与犬马无异。——译者注

只是作为父母的仁慈。他主动这样做，是两重意义上的宽容。第一，他给予了女儿"解放"的终极礼物。第二，由于是他坚持要住养老院的，女儿接受他住养老院就无损于孝心，反而是一种顺从的孝举。虽然像张爷爷这样说清楚住养老院动机和经过的老人不多，但大多数都能表现出这种体谅子女的仁慈。比如，宋欣就是一个例子，她是一个来自云南西部边陲小村的护士。来到昆明后，她孜孜不倦地将一家废弃医院改造成享有极好护理口碑的老年医院。虽然女儿一直说要在她晚年的时候照顾她，但宋欣目睹了日常照护的负担，知道女儿不明白这一责任的实际沉重性。尽管才50多岁，她已经在计划建立一个可以安度晚年的养老院了。她多么爱她的女儿啊！

期望与理解

上述老年人的"仁举"在维持亲子关系和谐中起到了重要作用，同时，他们对于孩子的"仁"——尤其对于孝行的期望——也改变了自身的当代养老体验，无论是否住养老院都是如此。许多不同年龄段的受访者对于多代合居的期望，与下面这对70多岁、与两个成年孩子分开居住的夫妇一样：

> 夫：只要我还能照顾自己，就不想和（我的孩子）一起住。因为我们老人家——我们的饮食，我们的生活方式，我们吃的——

妻：我们吃的，这些平时的习惯，老一辈和年轻一辈有——有差别。很难，很难融洽起来。

夫：而且，在思想上有代沟。

妻：如果不能协调好这些差别，过一段时间，非常——非常容易起冲突。他们难受，我们也难受。有必要这样吗？只要我还能动，就会自己照顾自己。

与要求听话、期望回报的父母形象相反，以上描述表明，各年龄段的父母都会尽量压抑自己的需求。大多数父母真心只盼望子女幸福。如果子女追求幸福能让父母高兴，那么终究也满足了孝道的要求（Y. Yan, 2011）。一位36岁的护士说道："其实，父母渴望的不是孩子给他们多少东西，那才叫孝顺。他们最想要的就是看到你好好的，过得幸福。如果你幸福，那就足够了。"对于许多父母来说，看到孩子幸福美满，让他们过去吃的苦有了意义（Kleinman, 2011）。

父母们不只在改变他们自己对于孝行的期望。就像张爷爷这番话所说的，他们也在鼓励孩子们对自己宽容一些："我也（跟我的孩子们）讲过这个问题。就像你要转变家人的想法一样，你也不要去想：'这像什么话？这看起来不好吧？我对我的长辈不孝吧？'年轻人要改变这种想法。老人和年轻人都要改变。我的孩子不是只图方便才依靠政府养老的，对吧？它是为了集体转型，为了满足现代老人的需求·吃的、穿的和住的——这些东西。它是解决困难的办法。不是为了图方便。"

虽然这种态度在我采访的养老院老人中比较普遍，但不是所有的中国父母都希望子女摆脱孝道责任。许多中国父母对子女仍有很高的照料和服从期望。45岁、比较富裕的受访者刘玲是在家照料父亲的，她就愤愤地抱怨老父亲不够仁慈体谅。

刘玲和老父亲住在昆明郊区的一所大房子里。她有两位兄弟，但据她所说，一点也不孝顺。她讲道，有一次父亲生病，不能自理，叫他的小儿子过来给他洗澡。小儿子说才不来，他不会给父亲洗澡。大儿子是个阔气的商人，说他会来。他带了他一名员工过来，坐在客厅里，抽着烟，喝着茶，让员工给父亲洗澡。当员工洗完后，大儿子给了他50块钱，就打发他走了。

这次事件过后，刘玲的父母决定只依靠女儿来养老，毕竟也从未想过家庭养老之外的选择。由于她照料父母，她得到了父母的那套房子。这令她的弟弟和弟媳很生气，因为他们想把房子租出去赚钱。虽然得到了那套大房子，但刘玲觉得照顾父亲相当麻烦。父亲希望她一直在家陪着他。他说只给他吃穿是不够的，他觉得她对他不够好。如果她穿上好点的衣服，他就质问她上哪儿去。如果她说出去找朋友，他就闭上眼睛不看她。他会不停地给她打电话问她在哪里。她就撒谎说是去开会了，以便能和朋友们去玩。她觉得由于父亲在，她永远不能去旅游，不能有任何自由，如果教她相信她弟弟能照顾好父亲，她宁愿把房子给他。

爱之负担

有的老年人，如张爷爷，担心要求孩子付出时间和关爱对他们来说是一种负担；但也有较年轻的老人，担心父母过于仁慈宠爱，无形中会给现在的孩子一些负面影响。史蒂文·哈勒尔（Steven Harrell）发现，城市人常常说的一句话是："中国已经从子女顺从父母的社会，变成了父母顺从孩子的社会。"（Harrell, 2001: 149）一位31岁的安宁疗护医生就讲述了她和父母之间这种颠倒的亲子关系："其实，我能为他们做的不多。主要就是陪陪他们。然后，至少他们有子女在身边，我觉得，毫无疑问，他们会非常高兴。然后，特别是因为我是住得（离他们）最远的，每次来看他们，他们就觉得你——哪怕你有足够吃的、穿的，他们还是会给你各种东西。像我妈，好像以为我不会吃（吃不起）肉。我一回家，她就给我烧很多肉，给我买这买那的。"

另一位40多岁的医生则从亲子关系的另一头——因为非常理解和同情孩子而感到难受："现在的小孩多可怜。像我女儿，每天晚上到半夜或凌晨一点才上床。她经常睡得比我晚。然后早早地，非常早就起来去上学。甚至没有时间睡午觉。我觉得她比我辛苦多了。有时候我想，实在不忍心再叫她多做什么，最多有时候叫她去洗洗碗之类的。"

我见过一位到玉山老年公寓探访母亲的女士，说如今的孩子因为受到祖父母和父母太多、太浓的溺爱，幼稚得与年龄不符。父母庇护他们不受一点实际挫折。与此同时，她不希望像父母拖累她一样，拖累她自己的女儿。她女儿正在一个滴水喷嘴旁，专心地把灌木丛中的碎砖片翻过来，捉住黑的蜗牛和灰的鼠妇扔进纸杯里，看起来到上学的年纪了。她母亲证实，她已经6岁了，但还没准备好送她去上学——也许明年吧。这位约莫40多岁的母亲，正与一位朋友及其老父聊天，老人最近开始不吃饭、不说话了。在他们身后，院子里那一排昏暗的房间中，有一间住着小女孩的外婆，她卧床不起。女孩的母亲相信，自己有一天也会住进养老院。她解释说，她这一辈的父母都不想当孩子的负担。她的母亲住在养老院，她"恨这样子"，但她"能力有限"。她母亲的养老金足够负担费用，所以她主要能做的，就是探望时买点水果或日用品。她和那位朋友都认为，如果要在家照顾父母，他们"就不能过正常生活了"。她说女儿看到了她是如何对待母亲的，相信将来女儿也会这样对待她。因此，她"不指望，完全不指望"女儿会承担起她未来的养老。

小结

正如这一章反复强调的，在养老研究领域，以子女为中心的孝道危机论并未呈现出当代养老状况的全貌。不是因为它是错误的，戴维斯（Davis, 1991）和阎云翔（Y. Yan, 1996）等许多学者都发现了导致两代失衡的一些因素，包括人口流动增长、个体化加强和生育率下降。这些因素无疑使子女越来越难尽赡养老人的孝道。然而，这与老年人对孝道的评价不符，尤其是那些承受着"最不孝"养老安排的养老院老人。

这在一方面，可能是老年人为了减少观念不合、避免伤害或冒犯子女，而采取的一种保护性策略。然而，就连这份用心也常常被降格为对子女不孝行为的回应。其实，就像我分析桑高仁著作（Sangren, 2017）时所说的，老父母们不是被动的回应者，他们也是主动的作为者。他们对于养老的计划和担当，乃是面对大环境失衡时，为恢复和谐所做的努力。一直以来，"孝"是亲子关系的代名词。于是，父母们只能接受给或不给他们的，或尽力鼓励孩子的孝心。

像张爷爷等老人的叙述表明，应当将养老决策的讨论放到"孝顺"之外。虽然他不想住养老院，但还是提出要住。虽然子女可能，像张爷爷的女儿一样，担心让他住养老院显得不孝，但这是后果，而非动机。同时，罗院长"孝不重要"和郑医生"孝最为重要"的观点，也都能纳入这一框架。本章提到的张爷爷和其他许多父母，并不把孩子的孝顺与养老照顾挂钩。不过，他们是通过自己做"孝子孝女"的经历，而对他们的需要会给孩子的发展带来妨碍充满了同情和理解。然而，正如上一节所提醒的，这样降低期望可能会起反作用。

父母们仁慈地想把孩子从日益沉重的孝道负担中解放出来，并把自己从人情债的负担中解放出来，这就抹杀了孩子和自己道德发展的重要一部分。正如儒学哲学家兰朱·赛奥杜·赫尔（Ranjoo Seodu Herr）所说，"不仅构建人际关系是成为真正的'人'的'起点'，而且维持和谐的关系乃是人生的目标之一"

(Herr, 2003: 472)。"孝"是通向这种和谐的第一步,但它不是孤立的,而是与同样活跃且丰富的父母的"仁"共存的。"仁"与"孝"的不断互动,才让家庭成为一辆"永动车"(Kleinman, 1980: 133)。

这不是说所有的亲子关系都是和谐的。有的孩子违背父母的意愿把他们送入养老院,也有的父母认为孩子不孝。就像戴维·格雷伯(David Graeber)在分析"债"时指出的,"无论在哪里,人类生活中无处不含私心算计"(Graeber, 2001: 29)。儒家道德观下的亲子关系亦然。桑高仁等人揭示了亲子复杂关系的紧张本质。不过,格雷伯进一步指出,生活的各个方面也都存在善意。他所提的问题是:"为什么以这一种而不是那一种作为'客观'事实?"(Graeber, 2001: 29)孝不是存在于真空中的,而是存在于一种动态平衡系统中。同样,对于成年子女越来越追求个性、自由和自我实现这些,只说对了一半。谈到能动性和改变性,往往只看到"孝"(包括恩情债、积极互惠,以及争取权力和自我实现等),而忽略了父母"仁"的细心付出。重新引入父母视角,让我们可以对亲子动态做更深入的历史分析,对养老转型有更全面的认识,看父母们是如何通过减少自身需求、选择搬入养老机构和增加自我照顾方案,来维持亲子和谐的。

第 2 章

身在历史,身载历史

> 人创造自己的历史,但不是随心所欲地创造;不能自主选择条件,而是在既定的、由过去带来的条件下创造。一代代逝去的历史,像噩梦一样压在今人的心上。
>
> ——卡尔·马克思(Karl Marx),
> 《路易·波拿巴的雾月十八日》
> (*The Eighteenth Brumaire of Louis Napoleon*)

李明把着我的手摸到她的头上,手指沿着她花白的头发摸到头盖骨上稀疏的一处。"那儿,"她说,"摸到没?"她刚给我讲完 20 世纪 40 年代在昆明的童年。在那个辛酸的故事中,她讲述了从袭击这座城市的日军轰炸机下逃生的经历。李家和别的许多人家一样,在附近的山上预备了防空洞。·次空袭时,她和父母逃到了自家的防空洞,而她的姐姐逃到了同学家的防空洞。危机解除后，她家得知那位同学家的防空洞被山体滑坡压塌了。当他们最后去收尸时，李奶奶看到了姐姐在令人窒息的瓦砾下抠断掉的手指。从那以后，她决定余生快乐地活着。人都是要死的。

说起姐姐，李奶奶道："她死后，我就想啊，人哪怕只活一天，那也是一天。只要还活着，我就要开心，是不是？我好好工作，做好工作。能帮到别人，我就去帮。我就是这么想的。我就是这么做的。"然而，1956年，在中国掀起的革命热潮蔓延至李奶奶的工作单位，她开朗的性格被视为反革命："我两个工友说我太轻浮，思想太开放……他们拿金属棍打我。我的骨头都被打断了，他们还在打啊，打啊！"半个多世纪过去了，我仍能摸到她头骨上的凹痕。

虽然李奶奶的年轻心态拉近了我们之间的距离，但一起吃那袋猪肉蒸包时她讲述的故事让我明白，我所了解的中国历史知识，她是用身躯里里外外去承载的。她和其他老人的身体所承载的历史，对于他们如今的衰老和养老体验有重要的影响。就像一位老人对我说的："虽然你在美国学习了中国文化和语言，但没有在这里切切实实经历过。你的知识来源于书本。你不晓得真实的情况。再怎么说，我们在这儿活了九十来年啦。"

当代中国老人可以说是世界上经历过最丰富群体历史的族群之一。他们见证了对外战争和内战、饥荒和革命、建国和经济发展——将近一个世纪快速、不停的变化。不过，正如李奶奶的故事所示，历史不仅是作为回忆被经历和感受的，它还融入了身体与心灵中，直到现在仍在继续。参与我访谈的许多老人和李奶奶一样，经受过严重的个人创伤。他们这一代人，目睹了成千上万的人死于饥荒和战争，以及千千万万的人脱贫致富：这个国家了不起的进步是有代价的。花了数十年时间研究中国人心理障碍躯体化的凯博文和他的同事发现："尚不清楚这些伤痛和怨怼的情绪，如何影响着他们当下的生活……在他们，尤其是老年人的心中，肯定积蓄着大量的痛苦、哀伤和愤怒 。"（Kleinman et al., 2011: 7; Kleinman, 1980）

过去的事实如何在当下显露出来，是不可预料的。很多时候，尤其对于老年和衰老来说，身体承载着历史的重量，"藏匿着时间"（Merleau-Ponty, 1945/1962: 278）。因此，疤痕、磨损、破洞、疼痛和苦楚，都是个体当前经历的重要组成部分，也是个体与群体古今历史的持续性关联，是"过去被现在覆盖而又留存的证据"（Ram & Houston, 2015: 18）。除了身体，当代的经济和人际交往环境也在历史大背景下显示出更多的意义。

正如第1章所述，本研究的动机之一，在于有家庭又有经济条件的老人选择住养老院是一种新观念，是上个年代所无法想象的。在本章中，我想探究如下问题：当代中国的老年人，这群思想先锋们，是什么人？他们已经活过了大半生，所以要想回答这个问题，先要了解他们个体和群体的历史背景。本章将重点关注他们对于照护、衰老和依赖的态度，介绍中国过去一个世纪的一些主要历史变革，并通过具体的故事来阐释这些进程是如何影响到当下的衰老和养老体验的。

这样，通过考察历史来说明衰老和养老如今——在活生生的眼下——是如何以全新的形式呈现的。和马西娅·英霍恩（Marcia Inhorn）发现中东人在摸索新生育技术一样，中国老年人也在进行着"双重焕新"：新医疗技术和新养老安排为老年人格开拓了新的可能，满足了新的需求（Inhorn, 2012: 269）。就像第 1 章所述，对于一些老年人，尤其是年纪很大的，这些思想和技术变迁正在改变他们家庭养老的期望和住养老院的决定。在本章中，我会讨论这些变化如何奠定了新的老年形态，即寻求家庭身份以外的角色，将老年重新定义为一段休闲、自我实现和旅行的时光。

变化范围

1950 年，李奶奶刚成年时，中国有 5.65 亿人口。87% 住在农村，人口出生时预期寿命为 40.1 岁。女性人均 6.2 个孩子（Riley, 2004）。从那以来，李奶奶见证了中国的人口翻了一倍多，达到 14 亿。由于新的计划生育政策，和越来越多女性进入劳动力市场，生育率暴跌至人均 1.6 个孩子。与此同时，医疗卫生水平的提高令预期寿命从 1965 年的 49.6 岁，猛增至 2017 年的 76.5 岁（World Bank Group, 2019a）。在老龄化和养老方面，生育率降低、预期寿命提高和家庭结构改变共同导致老年人越来越多，而赡养基础越来越少。中国的老年抚养比，即每 100 名适龄劳动人口（15—65 岁）的赡养人口数（65 岁以上），在 2010 年与世界水平相当，为 11%；但到 2030 年预计将上升至 24%，到 2060 年则会高达 60%——几乎为世界预期老年抚养比 34% 的两倍（United Nations, 2013）。虽然近年来中国废除了一胎政策，允许所有夫妻生二胎，*但中国 60 岁以上的人口比预计将从 2015 年的 15.2%，到 2050 年翻一番以上达到 36.5%（Global Age Watch Index, 2015）。

过去一个世纪的社会和经济发展，为中国大部分人口带来了财富和机遇，也给家庭生活，尤其是养老方面，带来矛盾而复杂的影响。在 20 世纪六七十年代，许多支持家庭亲密关系的经济和社会机制遭到土地和财富再分配的破坏，但没有损及家庭，尤其是农村的家庭（Davis & Harrell, 1993）。"家庭"仍是首要关照目标。然而，1978 年改革开放开始后，这个新"家庭"让位于市场，令家庭和照护"环境急剧改变"（Davis & Harrell, 1993: 2）。

族群分类

和其他地方一样，在中国，"老"的定义是主观的。自 20 世纪 50 年代以来，男性退休年龄定为 60 岁，女性退休年龄定为 50 岁或 55 岁。事实上，人们从 60 岁开始享受老年福利：免

---

* 自 2021 年 5 月开始，我国已全面开放、各省地开始陆续实施三胎政策。 ——译者注

公交费、入场费，上所谓的老年大学，以及受到养老法的保护。然而，我的许多受调者认为，60岁以上者并不属于同一个"老人"群体。他们的观点与玛丽·凯瑟琳·贝特森（Mary Catherine Bateson）一致，即寿命的提高和患病率的降低改变了人类生命的轨道，要求重新看待晚年生活。贝特森基于对美国老年人的民族志研究，提出生殖期后健康寿命的延长带来了一个全新的生命阶段，她称之为"第二成年期"。基于埃里克·埃里克松（Erik Erikson）"人格发展八阶段"理论（Erikson, 1950: 247），贝特森将这一阶段置于"成年期"和"老年期"之间，特点为超预期的健康和精力水平、身份重新界定和发展"积极智慧"的潜力（Bateson, 2013: 79）。

另一个年长老人和年轻老人感觉不同的原因，在于辈分经历，他们在人生中遭逢了不同的中国遽变。具体来说，生命历程理论（life-course theory）认为，在一代人青春后期的人格形成期发生的重大历史事件，会对其信念、价值观和行为产生长远的影响（Egri & Ralston, 2004; Inglehart, 1997）。例如，我调研中最老的一代出生于20世纪30年代至40年代初的国民政府时期。他们被称为"共和一代"或"建国前一代"，在中日战争（1937—1945）和第二次世界大战（1939—1945）侵袭的"南京时期"长大成人。这也是一个社会和经济现代化建设时期，经常儒家思想与西方价值观并存（Egri & Ralston, 2004; Harmel & Yeh, 2015）。在我的调研中，"建国前一代"的老人为八九十岁，占正式受访者不到一半；其余受访者为六七十岁，分为两个年龄段:"建国一代"和"文革一代"。

在较年轻的一组中,偏年长的"建国一代"年轻时经历了20世纪五六十年代中国的崛起以及西方影响的弱化,到处是理想主义热潮(Harmel & Yeh, 2015; Sun & Wang, 2010)。偏年轻的"文革一代"(或称"迷惘的一代")是学术界最热衷于研究的中国年龄群体(Harmel & Yeh, 2015; Hung & Chiu, 2003; Egri & Ralston, 2004)。这一族群出生于20世纪40年代末至60年代,在一个动荡变化的时期长大(Zhou, 2016)。在我调研期间,大多数这一辈受访者尚未或刚刚退休,从事医生、护士、家政或照护工作。[1] 许多是下乡知青,在文化大革命期间与家人分离,被下放到农村地区从事体力劳动(Hung & Chiu, 2003; Zhou, 2016)。专家指出,这一族群的教育、家庭生活和就业机会不断受到改革和革命的侵扰,与其他年龄群相比明显处于不利地位(Hung & Chiu, 2003)。

"迷惘的一代"之后是"社会改革一代"。这一族群在20世纪70年代末至80年代末长大,在改革开放后进入社会。他们常被称为物质主义者和享乐主义者,我调查的工龄受访者大多是这一类(Egri & Ralston, 2004)。最后,"独生子女一代"在一胎政策时代进入社会,被认为"和老一辈们明显不同"(Harmel & Yeh, 2015: 215)。独生子女群体也被称为"我一代"(常常被叫作"小皇帝"),呈现为娇生惯养、自我中心的形象,但对于改变和外来观念更为开放(Y. Yan、2009)。

连绵不断的改革浪潮和迥然不同的历史环境,造成了本研究各代族群成长经历的不同,许多受访者无法理解他们前代或后代的人(Rofel, 1999)。例如,有研究发现,相比于"建国一代"或"文革一代","建国前一代"偏向于保守观念,将集体利益置于个人利益之上(Egri & Ralston, 2004)。"建国前一代"的老人李奶奶就在我们一次交谈中,表示了对老年人之间这种"代沟"的一些不满:"老人家要尽力做一点不求回报的小事情——能做什么,做什么。这样才不会给国家添麻烦。我就是这么想的。我自个儿会出去做些力所能及的事,不要国家的任何回报。但我的观点可能许多年纪轻的就完全接受不了,他们不愿意出去做这种志愿工作,像那些60来岁刚退休的,每天都去坐公交。那天有人跟我说,这个人一天坐40趟公交!"

说到这里,李奶奶一贯平静、适度的语气变得几乎叫起来。我可以理解她对于乘公交问题的激烈反应。当时昆明的地铁系统很有限,大多数人依赖公交出行。李奶奶和我乘同一路拥挤的公交去玉山老年公寓,她每隔一天去看望一次住在那儿的丈夫。一趟公交费为1~2元,根据有无空调而定,但对60岁以上的乘客免费。李奶奶明显感觉到,较年轻的老人,特别是刚退休的女性,在压榨这一福利:"唉哟,有必要这样吗?你说说。唉!对于这些事情……我们年纪大的可能有——还有一些老早的观念和想法。这些——这些——这些——这些60岁不到的,拿着公交卡,就上这里,上那里,再上这里!唉呀,多没有必要!你说是吧?这给那些公交带来啥?纯粹是添麻烦。"

虽然这些代际划分不是死板的,但它将多个时间尺度放在一起，将个体的关系维度与宏观历史的时间维度结合起来。通过展现老人们迥异的早年经历，让我们不再误认为老年人是一个统一的群体。这为思考个体对于下述历史时期的体会和反应提供了一个新的角度。

1949年前

20世纪40年代以前，典型的中国公民是居于村庄的农民，村与村之间以语言、地理和文化区分。虽有乡土背景，但这一典型公民严格归属于中央集权的国家，并通过市场交易和统辖世家、亲族、仪轨的文化大规范来融入中国大社会（Freedman, 1966; Siu, 1990; Skinner, 1971）。鉴于中国人口规模之庞大、种类之多样，这些文化规范能被普遍接纳令其他国家的人感到惊讶。部分原因在于，中国使用了一种"抓大局，宽小节"的权力文化网络（J. Watson, 1985: 323; Siu, 1990）。大局的核心，就是秦朝（前221—前207）以来作为中国正统的儒家思想和实践。但直到宋朝（920—1279），中国统治阶层欲区分所谓的中原文明文化和北邻蛮夷文化时，才开始重视农人的家庭和宗教实践（Ebrey, 1990）。为管辖这样一个地域辽阔、文化多异的族群，国家通过木偶戏、宗教节日、祭祀仪式等大众娱乐活动来推广其规定的道德和意识形态（D. Wang, 2003; J. Watson, 1985）。所有这些操控和服务于个体利益的手段，使得这一网络格外持久而有效地推行和维持了以家庭关系和亲缘准则为主的文化价值观。

这些文化准则促使了第 1 章提到的四对中国家庭典型核心关系的形成：父子、夫妻、婆媳和兄弟关系。虽然这几对关系的情况存在地域和历史差异，但在 1949 年之前，它们的整体基础是相当稳定的。由于土地和居住权的重要性、父权制和父系制的普及性，父子关系常常被视为四对关系中最重要的，而婆媳关系被视为最紧张的（Parish & Whyte, 1978; Wolf, 1978）。因家产由男性继承，对于儿子就有一种互惠性期望：父母为儿子提供配偶和家产，儿子则以终生敬爱父母作为回报——展示孝心，提供养老支持，生育男嗣来传宗接代。我年纪最大的受访者们就出生于这种环境下。

"文革"时期

虽然在新中国成立之前，中国就关注到现代化建设了，但直到 20 世纪 50 年代以后，才以前所未有的速度和热情进行全面的改革（Rofel, 1999）。新中国成立后，为了现代化和发展，文化和传统如何进行重构、实施和记忆——或遗忘——就有了新的含义（Rofel, 1999; Siu, 1989）。尤其是在改革早期，中国传统文化"摒除封建迷信"后，成为国家现代化建设的无价之宝，象征了中华民族的统一性、连贯性和独特性（Ong, 1999: 37）。

在这一时期，上述构成中国家庭的三个核心准则——父系制、父权制和孝道被抨击为封建思想，从而被视为"反革命"。这一时期也开始视夫妻关系重于亲属关系，年轻人在政府的支持下抵制包办婚姻，家长威信崩塌（Siu, 2006; Whyte, 1992）。但矛盾的是，国家一方面提倡对集体的绝对依赖，另一方面仍依赖亲子义务道德体系来承担照护工作，尤其是养老照护（Harper, 1992）。这不仅体现在实践上，也体现在政策上：1950年，《婚姻法》规定子女有赡养父母的责任（Harper, 1992）。不过，即便没有法律和政治宣传，现实中家庭成员仍会大力相互付出，孝道责任感似乎抵过了革命浪潮（Davis & Harrell, 1993; Parish & Whyte, 1978）。

这一时期，"建国前一代"的老人开始成年，对于许多人来说既艰苦，又蕴含希望。玉山老年公寓90多岁的徐奶奶来自昆明不远处的一个小城，在多代大家庭中长大，对于那段时期，她这样回忆道：

> 我妈妈去世后那几年最艰难。我要当家，买吃的，带孩子。我爸的眼睛不好——看不见——所以还要照顾他。多困难啊。我白天要工作挣钱。我们需要吃的、穿的，可是没有钱买。他们发布票买布。那是四十还是五十年代——我觉得布票是五十年代。有豆腐票、肉票，这个票，那个票——啊！现在想起来，以前那些好像一场梦！困难的时候，我们比不困难的时候少吃点。再困难点，我们就不吃了。我——我实在没办法再弄到一丁点吃的。啊，多艰难啊！

像一场梦,真的。想想……啊……实在难。那段时期过去后,生活慢慢好起来。我的工资涨了,生活好了。

新中国成立后,土地改革和农村合作社提高了农村和城市的生活水平。在全国范围内,像徐奶奶这样的人有了更高的工资和更好的生活条件。尽管城市地区获得的投资和收益更大,但城乡居民都有了新的学校和诊所(Davis & Harrell, 1993)。

然而,这段稳定时期是短暂的。20世纪50年代中后期,为了进一步推动经济和工业发展,国家开始推进实施人民公社化,并掀起全民大炼钢铁运动。桌子、椅子和棺材的价值一样,都是熊熊燃烧着的炼钢炉的燃料;男人、女人或大人、小孩的个体身份,都服从于建设新中国的集体身份。

由此可见这几代人之差异的原因和结果。虽然如今的这三代老年群体都生活和经历过这一时期的改革浪潮,但"建国一代"和"文革一代"是作为青年、孩童在这个环境下走上社会的。而更老的"建国前一代",由于生在新中国之前,损失更多,更需要响应、应付或抵制这些变化。

幸福晚年老年公寓88岁的张威,就是"建国前一代"的老人。他住在公寓二楼的一个单人间,棕色眼睛随年龄渐长褪为蓝色。他平时一个人待在房间里看书,担心与其他住户接触太多会让脑子变迟钝。事实上,他的头脑依然很敏锐。作为早熟的青年,他年纪轻轻就获得了天体物理学硕士学位,本打算去实验室做研究工作。然而,他被分配到一所私立中学教科学。这份差事决定了他后来的命运:"'百花运动'开始时,要我们提建议帮助政府。我不清楚那运动到底想干什么。从 1950 年往后,我分不清(人们)说的话是政治动员还是实话,我哪儿敢表态? 有一天,一个学校领导找我谈话说:'你还没表态呢。关于怎么帮助政府,你肯定有很多想法。你想说什么,尽管说吧!'我说:'我没什么特别的想法,就希望少管我们教师一点。'……后来他说,基于他们的考察,我是彻头彻尾的反动分子。"张爷爷遭到公开批评,其后 22 年都在狱中度过。获释后,他回到家与妻子和三个儿女团聚,后来就去了一家工厂上班。

张爷爷不是个例。虽然知道指控和惩罚不公,但他们也知道抵抗是无用的。对于"建国前一代"和"建国一代"的老人,这一面对善恶和敌友的概念模糊易变的无力感持续至今。在我调研期间,私下愿意多说的老人,往往因为要签署知情同意书,而迟疑或拒绝做正式采访。

与此同时,较年轻的"文革一代",包括张爷爷以前的学生,加入了"青年下乡"计划。许多人,包括张爷爷的子女,去到全国各地的农村工作。一位 60 多岁的住院病人这样描述她和好友们的青年下乡经历:

> 你从小上学,不论家里是穷是富,都没去地里干过活。你的责任是"好好学习,天天向上"。(而现在)就连年纪很小的,十四五岁的,都得离开家。除了在地里干活,种水稻和玉米,你还要自己上山砍柴,自己烧饭、养猪、养

鸡——所有这些以前从来没做过的事情。所以，干完活后，农民可以回家团聚，有人给他们烧好饭。但你辛辛苦苦干了一天回到家，农民已经吃上了，你的肚子还咕咕叫，还得自己弄吃的，什么都要自己弄。

1978年改革开放后，中国进入了一个新纪元。正是基于或囿于这一历史背景，如今的老年人形成了关于衰老意味着什么、人们能够和应该依赖什么的观念。几十年中的所有这一切，对中国各色人群产生了深远的生理和心理影响（Kleinman, 1980; Kleinman & Kleinman, 1994; Rofel, 2007）。虽然上述历史事件已成为过去，但仍然依附于前行的身躯之上。

身载历史

历史不仅储存于回忆和档案中，它还储存于细胞、皮肤、韧带和骨骼中。我们通过身体内外感受世界，以身体作为世界。我们就是凭借这一物理形态与时间挂钩，置身于特定的历史时刻，进行自我与外界的互动（Merleau-Ponty, 1945/1962）。它是我们"与世界接触的表面"，使我们进入世界，并且构成世界的一部分（Merleau-Ponty, 1945/1962: 240）。尤其对于老年人来说，身体通过疼痛和苦楚、伤疤和空洞来铭记和提醒，任凭大脑想遗忘或压制，也无济于事。

由于肉身自我与所处的历史、政治和社会环境不可分割，医学人类学家把它作为一种多维度物体来分析（Biehl, Good, & Kleinman, 2007）。作为起点，身体的意义在于既是时间的"物理物和象征物"，也是自然和文化的产物（Scheper-Hughes & Lock, 1987: 7）。接下来的故事反转了本章前面关于个体和历史的关系角度：不再呈现历史中的个体，而是呈现身体中的历史。这些较为局部和特殊的历史，本可以被遗忘或忽略，但正因为镌刻在身体上，才继续影响着当下和未来。唐叔叔的故事就是一个例子。

唐柏今年69岁，大约8年前从昆明以南一个几小时车程、风景宜人的城市，搬到了玉山老年公寓。几年前，他的妻子去世了，独生女安排他住进玉山老年公寓，以便离她近一些。与其他老人相比，他很精神、很健谈。他总是热心地给我引荐别的受访者，以换取一点点掮客佣金——一支耶鲁圆珠笔（我给所有受访者的谢礼），他解释说之前送他的那支莫名不见了。他是第一位欢迎我来到老年公寓的人，所以我很乐意顺他之意。在正式采访中，唐叔叔想给我看塞在夹克内口袋的一张卡。笨拙地解开纽扣后，他为动作慢向我致歉。"火车。"他解释道，指以前在铁路工作的那些年。他举起手，让我看手掌上的深洞和鸟爪般内蜷的手指。

像改造了唐叔叔的手一样，公路和铁路深远地改造了云南省。云南人常常把当地的闲散风气归于地理之偏远。俗语"天高皇帝远"便表达了该地与建国前中国东部沿海政权中心"看不见，管不着"的关系。[2] 不过，自公元前2世纪以来，云南就是重要的国际和国内贸易中心。最著名的路线茶马古道，从第二次世界大战末以来一直对地域间的商品交易、军火生意和思想交流起着重大作用（B. Yang, 2009）。正如埃里克·哈姆斯（Erik Harms）考察越南时指出的，道路是过去和未来社会关系的地理表现，以交错、莫测的形式反映着社会变迁，也推动着社会变迁（Harms, 2011）。就云南来说，古老的商贸路线为它带来了外来观念和人口，而这些人口又带来了新的公路和铁路（B. Yang, 2009）。

中日战争期间，云南公路和铁路的建设飞速增长。由于远在内陆，且水、陆、空、铁多线交通便利，云南和邻近的川、黔二省成为国民政府从沿海的日军压力下迁都的理想之地（B. Yang, 2009）。许多平民，包括唐叔叔，被招募来修建穿越中国最崎岖一部分地形的公路和铁路。唐叔叔所在的线路——东川铁路支线，是一个征集数万工人的工程。在"进步的完美理想与棘手的开发现实交锋"中，棘手的现实占了上风（Harms, 2011: 157）。受制于洪水、滑坡、地震和侵蚀，开发者最终于20世纪60年代放弃了东川铁路工程。大部分铁轨被拆除或改道，如今该工程的痕迹只残存于唐叔叔等工人的脑海和身躯里。*

---

* 事实上，20 世纪 60 年代末至 70 年代初，东川工程少部分线路进行了续建，并通车运营。但其后 50 年间一直因地质条件不利，成为全国最严重的病害铁路之一，经常因泥石流等灾害冲毁设施和造成事故损失，多次经历停运、改造、整治和复通。——译者注

有一次我们交谈时，他说："告诉你，那时候（20世纪60年代），我（1个月）就50斤粮食——不够吃的。那时候，我们还在用粮票。后来他们加了30斤——就连80斤都不够。那活儿太难干了。"他抚摩着从右手拇指一直蜿蜒到无名指处的凹陷，感受着失去的食指，缓慢的动弹显示出手指活动受限："火车轧过我的手后，它就非常弱。我没法再工作。他们给了我一张残疾人证，让我可以免费乘公交。"

阿德里安娜·佩特里纳（Adriana Petryna）在分析切尔诺贝利事故时，讲述了那些在日益贫困和无保障中挣扎的乌克兰公民，是如何争取被政府认可为辐射正当受害者，以获得少量经济和社会资源的（Petryna, 2002）。研究后社会主义国家的医学人类学家发现，面对市场经济转型常常带来的社会保障削弱、医疗和经济不平等加剧等，"生物学公民"（biological citizenship）*提供了一种分析苦难、疾病或疾痛如何成为文化资本的有用模型（Rose & Novas, 2005: 439）。当其他形式的资本贬值或丧失时，疾病可以成为社会资本，伤残之躯可成为"争取公民权利的资格"（Petryna, 2002: 5）。

同样，唐叔叔那只轧坏的手，每当做简单的动手事情时都要费些力气，但还是能打开门的。终于从口袋里掏出后，他给我看那张用一根长棉线牢牢连在夹克上的、国家颁发的残疾证。

---

* 示意在社会福利制度中可获得的福利和权利，对特殊社会资源和权利的获取取决于特定的生物学状态，如达到标准的伤残或疾病状态。——译者注

他指给我看他年轻时照片下的"残疾"字样和他的名字。通过这张证,他作为中国残疾公民的生物学公民身份得到了官方认可。它证明他是合法正派的公民,可以获得国家补助的资源和权利。唐叔叔说,主要特权之一就是免费乘公交。不过,其他老人很快指出,这没有意义,因为他无法离开养老院去乘那些免费的公交。如今那条老早废弃的铁路虽已被杂草和脚印掩埋,但依旧影响着唐叔叔当下的境况和未来的机会——既打开了一些,又关闭了一些他在这世界上的活动门路。

对于另一些老人来说,过去的选择则带给现在非常积极的影响,获得的益处不只是免费乘公交。例如,"离休干部",即 1949 年前加入中国共产党的退休干部,以忠诚而获得了较高的退休金,数额依据党龄而定。除了高额退休金,这些老人还拥有优惠的医疗待遇、更好的医保福利(在许多情况下报销近 100% 的住院费用)和居家养老补贴。

一天下午,我和一群护工坐在龙池老年公寓阳光明媚的中庭时,走过来一位白发打着小卷儿的老妇人。她满面笑容,自我介绍叫杨菱。她说很高兴能和外国人说话,因为我们好像特别有礼貌——在公交上总给老人让座。她询问了我的调查,接着指向她坐在一旁长椅上的丈夫。杨阿姨和我讲起他艰难的一生。他出生于河南,在父亲死于抗日战争后,来到南方,年轻时就加入了中国共产党。虽然历经磨难,但他长期的党员身份赋予他离休干部的地位和好处,让他们能住得起这家高端养老院。

突然，发现丈夫的座位上人不见了，她随即起身离开大厅，就78岁的老人来说步子相当利索。我以相对闲散的步子跟在后头，在走廊尽头他们的房间附近找到了人。杨阿姨简单带我参观了一下他们带有独卫的宽敞房间，之后她丈夫第一次开口，叫我们去外边说话，他想午休了。当我和杨阿姨坐在午后的阳光下，嗑着瓜子，喝着薄纸杯里的茶时，她解释说她丈夫两年前得了老年痴呆。病情发展得很快，所以他们才决定搬到龙池来。杨阿姨低声透露说，她认为她丈夫的痴呆是由于革命那些年无法"讲真话"造成的。

在西方，健忘和解离，尤其是得了阿尔茨海默病或其他形式的痴呆时，被视为对老年人格最大的威胁。皮亚·康托斯（Pia Kontos）称阿尔茨海默病是"一种人人畏惧的，有宣判社会性死亡力量的污名化标签"（Kontos, 2006: 195）。与此同时，玛格丽特·洛克、斯蒂芬妮·劳埃德（Stephanie Lloyd）和贾纳林·普雷斯特（Janalyn Prest）发现，医学认同可以缓解社会污名化，尤其对于导致行为改变的疾病（Lock, Lloyd, & Prest, 2006）。在这种情况下，认知衰退不仅仅是否定人格，也创造了一种新的人格潜势。近年来，学者们对它的探讨从恐惧和污名化，扩展到如何从爱和友情的角度，来理解痴呆照护关系所引发的双向改变（Brijnath, 2014; Taylor, 2017）。

在中国，关于痴呆的医学知识有限，相应的照护资源也有限（Z. Chen et al., 2017）。医保不能完全覆盖治疗或用药，而且像前言中说的，鲜少能覆盖长期照护。2015年，国家启动了《全国精神卫生工作规划（2015—2020年）》，其中就有重点提升关于痴呆的教育和培训。然而，被诊断出痴呆还是很难的，少有裨益（Z. Chen et al., 2017）。近些年，出现了许多支持痴呆患者及照护者的组织，但在我调研期间，中国还没有专门服务痴呆患者的机构，大众对于其专业照护需求的认识非常有限（Shea & Zhang, 2016; Y. Zhang, 2020）。

在杨阿姨和她丈夫的例子中，痴呆是理解神经系统老化和心理痛苦难以预测的症状的一种解释模型。就好比凯博文（Kleinman, 1980）分析的神经衰弱和其他精神疾病，是理解中国的社会变化对于人们身心影响的一种解释模型。蒋春玉也从类似的角度来解释她父亲的衰老体验。

蒋春玉是我在一家大型省立医院顶楼的干部病区认识的。当时我跟随一名护士巡房，蒋女士走过来为在隔壁房间无理吼叫的父亲道歉。她父亲是退休干部，住院费由医保全额报销，所以一生病她就带他来医院。当天，他因轻微的呼吸道感染而接受治疗。蒋女士解释说，他不满早上派给他的护士，威胁要继续吼叫、拒绝治疗，除非给他另配一名护士。他的女儿习惯了他的这种撒泼，认为是他过去的高位令他期望获得一些尊重和特权。现在老了退休后，她觉得他比社会阶层低的人有更大的心理负担。

然而，根据我和各种背景的老年人打交道的经历，无论什么阶层的社会角色丧失，都会造成心理痛苦。正如上述历史分析所述，当代中国老年人是在社会改革时期进入劳动力市场的，许多至今仍然坚信他们的价值取决于"贡献"和"生产力"等（Y. Li, Xu, Chi, & Guo, 2014; Mjelde-Mossey, Chin, Lubben, & Lou, 2009; Z. Zhang & Zhang, 2015）。张爱伟（Everett Zhang）犀利地指出，当代的社会形势大大改变了，因此，"摒弃了为革命事业献身的精神，而越发地呼吁珍爱生命"（E. Zhang, 2011: 1）。但是这种献身心态仍保留在本书开头提到的马阿姨等老人的心中："我不自私。我希望人人都比我好，过得比我好。我愿意穿破的，让人家买衣服；我少吃点，让人家吃饱。"虽然马阿姨很想给予，但发现现在只能接受了。她衰老的躯体化感受，便是大受这一落差的影响。此外，她很清楚社会视老年人为负担的观念，所以，她认为自己就是一切以金钱来衡量的社会的累赘："现在的人相信什么？他们相信钱！这就是社会进步。"虽然她有积蓄和一小笔养老金，但"那哪里能够呢？"

上述案例表明，老年人过去的创伤影响到现在和未来，往往令他们的晚年生活更加艰辛。本章开头介绍的李奶奶，在遭受暴力殴打后没有妥善地治疗。那次事件留下了臀、背部的长期疼痛，以致丈夫当门卫被汽车撞伤后，她也无法照料他。因此，她的丈夫只能搬到玉山老年公寓，而李奶奶顽强乐观地每隔一天来探望一次。对于大多数人，比如唐叔叔、蒋女士的父亲和杨阿姨的丈夫，过去或促进或阻碍了他们获得资源、体验和自我意识。在狱中度过大半壮年期的张爷爷指出，历史对于身体未来的影响终究是意想不到的："我（在狱中）唯一的要求是，什么工作最难，就派什么给我。在我的家族，没有一个人活过

65 岁。所以当别人问我:'你是怎么活到 90 岁的?'我告诉他们:'因为我在那个监狱里干了 22 年。'"

新老年形态

1976 年后,为使中国摆脱数十年来的经济增长停滞,政府推崇个体与集体松绑。松绑有利于激发主动性和创造性,鼓励创业,令中国成为全球市场的有力竞争者。在这一环境下,政府在强烈鼓励个体去冒险的同时,又要求他们自己承担失败的后果。这就造成了人们对照顾和依赖观念的巨大改变,在短短几十年间,从完全依赖国家变为完全依赖自己(Ong & Zhang, 2008)。

这种自我发展、自给自足的趋势,遍布中国社会的各个领域。研究中国家庭和私人生活的学者认为,改革开放后的特点就是加强了个体化、私人化和自我责任(Y. Yan, 2011)。对于老年人来说,结果就是许多传统的老年形态,如住在多代大家庭和抚养孙辈等,变得越来越难。在我的调查中,各年龄段的老人都认为这是自然、积极的变化。一位最近刚退休的老人,从未打算和成年儿子一起住,他是这么说的:"过去,一家人住在一起,是因为分开住住不起。好在现在大家的经济条件好了,分开住住得起了,毕竟每代人的生活方式不一样。分开住也没什么——家人还是家人嘛。"

为应对这种变化,出现了新的养老方式和新的老年形态。

要想知道为什么有这些新的形态,就要好好了解造就它们、亦为它们所影响的历史、社会和文化大形态(Ortner, 2005)。对于当前和即将步入老年的人来说,中国过去一个世纪的历史进程不会被新的政策或前景抹消。这些历史会根据年龄发展、阶级和个人境况,作用于他们的身心之上。例如,一位"文革一代"的护士长,不放心依赖社会机构,在与三个朋友计划租一套公寓、雇一位护工,打造自己的微型养老院。而"社会改革一代"的人,有更多时间和余钱可用,则设想着更新的形式。一些人,比如第3章将提到的上海投资人,正在投资有1万张床位的五星级宾馆和旅游级待遇的大型养老庄园。还有一些人虽没有养老规划,但也在从生活方式上预防依赖——从自理习惯到宗教信仰(Shea, 2014)。

上文提到有坏脾气父亲的蒋春玉,是"社会改革一代",她向我解释了她个人的养老方法。她的计划首先是"照顾好自己,保持健康,充实自我"。除了维持身心健康,她最近还信了基督教。她坚信上帝不会让她得老年痴呆,这是她所有衰老恐惧中最大的一个。她希望通过照顾好自己,能独立生活到70多岁。[3] 不过,还有一个后备计划。她安慰自己道,如果生活质量变得太差,就准备结束生命。她讲到两位老医生,沐浴后穿上漂亮的衣服,吃些药片——一了百了。她和她丈夫都认为这样结束很有尊严,她也希望能这样做。

小结

虽然较年轻的老人有时间和资源上的优势，但年长的老人也在积极参与，并走在这些转型的前沿。其他章节会详细谈到，如今许多高龄老人都不再选择传统的家庭养老方式，而选择机构养老，成为新兴的机构养老景观中的道德先锋。高龄老人一代的童年记忆是多代大家族和家庭养老，而"文革"前和"文革一代"老人经历的所谓的"传统"，其实是在不断变化的。就像住在幸福晚年老年公寓 89 岁的华奶奶告诉我的："我们这一辈老人真的可怜。什么都得赶在第一线。国家最困难的时期，我们拼命追赶；拼命跟上革命的脚步，在革命中不掉队。现在我们又要拼命追赶。"

当代的老年人，由于起点上的劣势，要"追赶"个体化的新理念特别困难。他们毕生对于集体的贡献在私营市场下回报很少。虽然流动性、自由度和选择度更大了，但这对于进入减速期和依赖期的人来说，几乎没有意义。尽管如此，即便是养老院的老人也在积极地参与新型社交，在一种私密的环境下与陌生人共处。华奶奶的这番话，说明即便到了快 90 岁，老人依然拥有适应能力："不改变，又能怎么办？我们改变不了这个世界，只能改变我们自己。"

第3章
空间与场所,节奏与规矩

> 当遥想之地偏偏成为居住之所,可能会带来非常紧张的关系。
>
> ——阿西尔·古普塔(Akhil Gupta)、
> 詹姆斯·弗格森(James Ferguson),
> 《超越"文化"》("Beyond 'Culture'")

午饭刚过,坐在养老院安静的中庭,都看不出这座建筑的本来用处了。宽阔的白色走廊墙上随意贴着剪纸和彩画,角落和门口挂着一扎扎鲜红的绳结和辣椒。黄色的光线透过上方灰蒙蒙的玻璃穹顶和一排排褪色的彩旗照进来,为这片开阔的公共区域增添了一种梦幻感。不过,空气太静谧了,正午灼热的阳光将塑料凳和乙烯基沙发晒得黏糊糊的,让人们都躲到凉快角落去了。从围绕主楼层中央区的栏杆探下去,可以感受到从排着一打光滑、棕色桌子的昏暗餐厅里,吹来的凉风。这里的饭菜煮得又软又淡,吃完后不留什么味道。让人惊讶的是,整栋楼几乎都没有味道,院长带我参观时也反复说道:"你压根儿看不出这是一家养老院!"

事实上,在不到两年前,这里还不是养老院,而是一家韩国交换生的暑期寄宿学校。在那之前是一家博物馆,这也说明了为什么它的许多地方——从凹凸不平的花园石子路到湿蒙蒙的公共区——装饰性大于实用性。在参观中国各家养老院期间,我常常遇到这种形式和功能上的错位。

在当代中国建立养老院的主要障碍之一,是找到运营的物理空间。土地所有权在中国是个复杂的问题,政府努力在土地完全国有化和私人产权之间达成平衡(L. Zhang, 2015b)。张鹏在关于昆明新兴中产阶层的群体研究中,谈到房地产私有化成为改革开放后激励经济增长的一项核心战略。尤其在昆明,城市规划者为了跟上全国其他省市快速现代化的步伐,将许多住宅区改建成了商业区(L. Zhang, 2010)。养老机构也感受到了压力。虽然政府积极鼓励私人投资养老产业,但没有相应的财务支持或土地补贴,养老院开发商基本无法在热度不降的房产市场上拥有竞争力(Dai, 2014)。他们知道无法指望像公寓楼或购物中心开发商那样的利润,所以很少去租赁 40~70 年合约的新土地,而是转而改建原本用于工厂或学校的建筑物(L. Zhang, 2015b)。

尽管有这些困难,养老产业仍在吸引着关注和投资。根据前言所述的官方"9073"养老模型（老年人90%为家庭养老、7%为社区养老、3%为机构养老）和人口预测数据（中国65岁以上人口到2025年有望达到3亿，到2053年可达4.87亿），到本世纪中叶，养老院机构的需求将达到近1500万张床位（Lei, 2020）。其他调查显示的需求还要高：一份报告称，11.3%的城市老人和12.5%的农村老人愿意住养老院，所以未来30年的潜在需求高达5800万张床位（Chang, 2012）。截至2020年，中国有20万家养老机构，约有760万张床位（Lei, 2020）。而1988年时，中国只有870家福利院，住有不到5万的老年人（Chen, 1996），可见养老机构发展速度之惊人。

不过，这些数字顶多是粗略估计。中国的寄宿养老院有国有的、社区的、企业的和私营的，但分化不明确，功能上和命名上都不像西方的养老院、疗养院、退休社区那样区分（Saiquan, 2002; Zhan, Liu, & Guan, 2006）。对于涉及老年日常照护工作的人来说，在网上快速搜索一下，就可以更准确、有效地了解养老院的快速发展状况。2015年11月，在我调查快结束之际，查到中国有23,606家养老院，昆明有92家（"Kunming nursing home list", 2015）。

我拜访了这23,606家机构中的8家，见识到各种各样的养老形式，从云南农村山区的免费福利院，到上海月租20,000元以上的退休豪宅。我还在老年科和临终关怀病房、私人疗养院、社区养老中心待过，这些也是中国重要的养老阵地。虽然上述模型、预测和统计数据能大概地呈现整个状况，但不能解释为什么是这样的状况,为什么是这样发展的。第 2 章采用深度历史分析,从时间维度来解释;本章则是从空间维度以及时间和空间之间的关系来分析。

要想真正了解中国养老机构的当代发展状况和未来形态的丰富潜力,需要理解空间与场所、想象与现实、抽象与具体之间的矛盾(Gupta & Ferguson, 1992)。不过,空间和场所是模糊的概念,容易因视角或尺度的变化而相互混淆。段义孚(Tuan Yi-Fu)在研究人类对空间和场所的感知时,为如何从人类感受的角度理解这二者变化不定的关系提出了一些见解。在他看来,空间是容纳运动和自由之处,而场所是运动的停顿之处——"价值的凝固点",让新的空间由此展开(Tuan, 1977: 12)。空间是场所的集合,是大大小小的停顿处构成的网络。空间既在这些停顿之内,也在这些停顿之外,这些停顿处包含着深刻的人性。空间构造反映、塑造、引导着躯体和社会关系。

本章以段义孚的理论为引,探讨中国养老机构的空间和场所营造的复杂性。首先,我会介绍我拜访过的五家养老机构,描述它们多样化的形态。接着,着重描写那些开辟养老院空间的动态进程和行动,以及它们如何以出人意料的方式碰撞、结合,形成有特定形式、定义和含义的新养老场所的。由于"空间的感受总是社会建构性的",本章后半部分会讨论这些新场所是如何吸引到不同的人群的,他们对于养老院场所的性质有着不同的理解(Gupta & Ferguson, 1992: 11)。通过着重于身体感受,我分析了无差别的空间如何成为有意义的场所,而在形成新场所之后，又带来了可争夺的新空间（Tuan, 1977）。为了解释这一多变的动态关系，我采用亨利·列斐伏尔（Henri Lefebvre, 1992/2004）的"节奏"（rhythm）与"规矩"（routine）概念，探索把养老院塑造成空间和场所的生物时间、自然时间和社会时间。我特别关注了"运动停顿之处"——门、锁、边界、沉淀物和房间——新场所的形成标志。通过不同人群的案例，来探讨居民和照护者是如何理解、竞争、抵制、拓展和界定自己的空间，以及如何处理那些"交叉视角纠缠"最为明显的边界和交界处的（Danely & Lynch, 2013: 4）。

形式的多样

在中国，养老院的公共形象通常是老人微笑着坐在轮椅上，跟着"红色歌曲"拍手歌唱，身穿制服、体贴的照护人员蹲在他们身旁，笑着鼓励他们。然而在现实中，由于缺乏规范和监管，养老院及其照护质量参差不齐（H. Zhang, 2007）。公共养老机构有政府的扶持，总体上人员完备、口碑较好，但是只对无子女或有关系背景的人开放（Shum et al., 2015）。[1] 它们往往最容易让研究者接触到，也容易使研究结果出现偏差。许多调查型研究显示，养老院生活的满意度很高，老人们称住养老院后身心健康有了改善，比起以前的生活方式，他们更喜欢住养老院（Y. Cheng et al., 2011; Guan et al., 2007; Zhan, Liu, & Guan, 2006）；但也有研究发现，中国大陆养老院老人的抑郁症发病率达到 38% ~ 46%（H. Wang, Shi, & Gao, 2007; Ouyang, Chong, Ng, & Liu, 2015），台湾地区则高达 81.8%（Lin, Wang, & Huang, 2007）。这不同的结果可能是由于前面所说的养老院质量上的差异。2001 年，中国民政部出台了《老年人社会福利机构基本规范》，计划到 2022 年建立全国统一的养老机构等级评定体系，但研究者们认为，该规范的落实和监管仍存在很大不足（Zhan, Liu, & Guan, 2006; Xinhua, 2020; Y. Zhang, 2020）。

养老院的质量较难以衡量。在研究美国养老院时，雅典娜·麦克莱恩（Athena Mclean）从物理空间、环境和体验方面分析了养老院的布置，指出空间的采光、布局对于居住者和访客的体验有很大影响（Mclean, 2007）。若昂·比尔在巴西"社会遗弃区"（zone of social abandonment）工作时，更为逼真地展现了养老院的疏忽和躯体腐烂的景象与气味（Biehl, 2005）。我拜访的养老机构没有比尔《生命》一书中的那么糟糕，但在下面的分析中，我会结合这两种方法论来描述五家机构的物理空间和感官环境，以便读者对中国养老机构的各种形式有个大概的认识。

私人养老院：玉山老年公寓

拥挤的公交车门抽筋似的拉开，停在一条满是卖手机配件和烧烤食物小贩的人行道上。沿着一条被附近建筑工地弄得坑坑洼洼、尘土飞扬的小岔路过去，可以看到"玉山老年公寓"

的指示牌。沿着箭头方向，越过一条敞开流动的下水管道和三张破沙发，就是红色的金属门。上面告示写着探视时间为早上8点至下午6点。透过大门的铁栅栏，我看见门房坐在小值班室的小电视机前，便招手向他示意。片刻之后，他过来了，一言不发地把钥匙咔嚓插进厚重的门锁里，拉开宽阔的大门，随即回到电视前。还没看清里头的景象，我就被一股气味冲晕了。到处是陈年尿臊味，混合着一片不知何年何月的板结牛奶、水泥灰、油漆、花草、汽车尾气、汗臭和脏衣服的味道。

一进门是一栋脏乱的办公楼，旁边是可容6辆车的小型停车场。然后是10栋居民楼，每栋1~3层高，可容纳约300名住户，另设厨房区、洗衣区和浴室区。这里没有电梯、坡道，上层的走廊和窗户用栏杆和锁封住了。[2]居民楼之间有个露天的中庭，庭院内有个小池塘、一小片乱蓬蓬的竹丛和一个花圃。花圃由护工人员打理，为防老人误入而围上了篱笆。庭院边缘有一圈1.8米宽的水泥路，上面有一排排板条长凳，和爬满藤蔓、供居民乘凉的棚架。由于没有娱乐和复健设施，这条路便成了多功能活动空间，总是人影幢幢、热闹不断。

当天冷或下雨的时候，老人就会回到自己的小房间。一个房间一般住2~4位老人，睡在靠墙的双层床上，上铺只堆放物品。有时，护工会睡在房间中央的折叠床上。房间里有木制桌椅，上面一般放电热水壶和辣椒酱罐头。大一点的楼房还有公共休息室，沙发靠墙边围着，中间放台小电视。房间虽然都昏暗狭窄，但地面打扫得很干净，门窗经常开着，让空气流通。

下铺是老人仅有的私人空间，紧挨着墙壁，像洞穴一般。家庭照片和小篮子、小包装的纸巾和零食藏掖在角落里，或挂在床柱上。

私人养老院：幸福晚年老年公寓

幸福晚年老年公寓距玉山老年公寓不到3公里，在一条有宽阔人行道和几路主公交站点的主干道上。锁着的大门也是由一个漫不经心的门卫把守，大门和围绕建筑物的银护栏、厚灌木丛都只有齐胸高。在前方公共区的阴凉处，坐在一排排塑料椅上可以看到外面过往的车流，闻到附近香料市场传来的味道。两层高的居民楼中大约有300个房间，住着500来人。楼与楼之间有宽敞的过道，上面点缀着一些圆桌、圆凳和大花坛。头顶上方，高高的半透明天棚可以遮雨，也让高海拔地区的阳光不那么刺眼。

从居民楼外，可以听到休闲室的门口传来乒乓球声和钢琴音乐声。老人和工作人员在亭子里休憩、聊天、织衣物和打麻将。庭院里有老人们种的花卉和阔叶植物，隐约可见一座小庙、按摩室和锻炼区的一角。过道和斜坡上有遮雨棚，确保即使下大雨时，所有老人也能从房间轻松抵达食堂，不被淋湿。房间很宽敞明亮。每间有1～4张标准床位，配有床头柜、椅子、桌子、电视和小卫生间。

一家农村公共福利院

天气好的时候，到云南西北部与西藏交界处的这个小山镇，需要坐一夜磨人的大巴车，再乘小客车多次中转，走一段长长的路；除非运气好，碰到过路的汽车捎带一把，能快些到达镇上。天气坏的时候，如果这唯一的大路也被雨水冲蚀，或滑坡堵塞，就得走更多的路。到了镇上，很容易就能找到镇子边上的那家福利院。通往福利院的石膏墙上绘着老翁老妪的老式水墨画，塔状顶的红色大门敞开着，无人看守。三层楼高的屋顶上有飞檐，墙漆褪成了灰黄色。中间院子里，桌子和凳子几乎掩埋在及膝高的草丛和茂盛的三角梅中。老人们聚在低层走廊的阴凉处，倚靠着剥落的水泥墙和斑驳的红廊柱。一些人坐在矮凳上，还有一些直接坐在复合木地板上，一起喝着一瓶白酒——一种烈性清米酒，虽说还不到中午。

走廊里摆着灭火器，扶栏上晾着拖把和衣物。一楼房间的门口有短短的水泥坡道，房间里家具都不多，但挺宽敞。这家福利院收容各个年龄段的人，包括一名12岁的孤儿，但大多数是贫困、病残、无家属的老人。由于这里只住了20人不到，二楼的大部分房间都空着。[3]窗户上有金属护栏，但从开着的门可以看到简单的床、桌子和椅子等家具。没有电视机或收音机的声音，老人们的娱乐就是把一只温顺的小兔子和一只眼睛水汪汪的小狗传着玩，或者派人去镇上再买一瓶白酒。

一家大型公立医院的老年科

赶在医院交接班的当口来到这里，真是考验人的耐心和信心。17个楼层只有4部电梯可用，所以每当电梯门打开，就有一窝蜂的医生、护士和病人冲进去，直到电梯载重警报器发出刺耳的鸣响。然后，他们一个个地退出去，直到警报停止，电梯开始颤巍巍地上升。这是一家综合医院，老年护理科位于最高的两层。每上一层，载重减少一些，等到电梯门在16层打开时，已经没什么人出去了。这两层的老年科采用标准的医院制式，中央是护士台，周围是病人的房间。这一层本来是留给离休干部或高级党员的，所以房间比下面那层的大，每间只有一到两张床位。不过，下面那层的房间以中国的标准来说，也是很宽敞的。大多数有三张床位，都配有床头柜和大衣橱。

这个病区很安静，装修都是无菌白或乳白色。走廊里活动的主要是护士和医生，动作静悄悄的。一些病人由护工或家属陪着遛弯儿，但大多数躺在房间里看电视或休息。偶尔，当对讲机里响起《哦，苏珊娜》的轻快曲调，护士会查看头顶上方的电子屏号码，看刚才是哪个病人按的呼叫按钮。和我参观过的其他中国医院一样，这里的楼道飘荡着一股轻微的香烟味，混合着常规的体液味和消毒水味。

上海一家私人养老庄园

2015年秋天，我去参观这家高端养老建筑群时，它尚在建设中。但主楼大厅里那个熠熠闪光的比例模型，让人得以窥见中国精英养老的未来光景。一位西装革履、面带微笑的向导带我参观了布满自然光和最先进设施的复健区和娱乐区。她停在一个大的电子屏前，演示了老人们如何用它来在一天中随时与医生进行虚拟沟通。

这次参观还见到了配备豪华电器、时髦家具和阳光露台的样板房。老人可以选择一系列的户型和面积，依据个人偏好和照护需求来定制。向导特别介绍了集成化床头报警器和行动探测器，让家属白天随时可以收到老人活动的虚拟报告。每次和照护人员互动后，老人还能使用门口的电子按钮为互动打分，确保给老人和家属一个尽在掌控的养老环境。

空间变场所

由上述案例可见，中国的养老机构形式多样。我在实地调查和同类研究报告中均发现，养老产业遍布着资源配置不均、标准化缺乏和监管力度不足的问题，尤其是在私人机构（Feng et al., 2011; Zhan, Luo, & Chen, 2012）。以上几则描述是为了说明中国养老机构不是单一的，而是多变的形态：在广阔而悠久的社会进程网下，诞生出多种新场所和新身份。

不过，在我的研究中，我不是把空间当作封闭的虚无，而是开放的力量，由有形之力和无形之力生成的一种势能："空间不是事物排布的（现实或逻辑）场合，而是排布事物的方式。也就是说，我们不应把它视为一种包裹万物的以太，或者抽象为一种万物皆有的属性，而要视为一种连接万物的普遍力量"（Merleau-Ponty, 1945/1962: 243）。而且，我在描述这些"交叉互动"（Gupta & Ferguson, 1992: 8）时，更关注的不是体制或等级制方面，而是促进或妨碍这些场所生成的新奇关系和尴尬交往（Tsing, 2005）。

想象空间

桌上堆着几千元的海鲜，项福却只埋头于一碗白米饭。虽然已经叫服务员少放调料了，但这位贵客一再跟我们说，她的上海口味实在吃不惯这些重口味食物。同桌的人出于礼貌克制了自己的口味，给她在菜单上找了一道清淡的素食。40多岁的项福是一个土豪——中国日益增长的暴发户阶层。光鲜的套装和烫发显示了她在中国市场改革浪潮下发迹前所追求的时尚风格。谈话转向了她来这座省城的原因：她的保险公司投资了昆明西部的一家大型养老机构，融汇了来自两岸三地的资金。她解释说，她对老年人或医药没有兴趣，但公司认为养老产业是一项利润丰厚的投资。

虽然建筑工地还是一片杂草丛生的土地，但项福很肯定它会成功。基于该公司的前期调查，有相当多的人愿意以每月5000元的价格去争夺这个未来全方位服务社区的1万张床位。社区将包括酒店、医院、教育中心、公园、餐馆、商场，甚至幼儿园。项福兴奋地解释说，该公司最终希望将多个养老社区连成一张覆盖亚洲，甚至延伸至欧洲和北美的网络。虽然眼下一个社区都没看见，但她谈起了可让所有（特定阶层的）老年人在这张国际网络中自由旅行的会员卡。同桌的人一边礼貌地听着，一边把装满剩骨的盘子交给服务员。当她提出买单时，没有人反对。

"谁能从空间中制造场所？"从这个简单的问题入手，可以收获很多（Gupta & Ferguson, 1992: 11）。在过去20年中，私有化和市场化、家庭规模缩小、项福这类私人投资者变富以及国家福利削减等因素，在中国开辟出让新型养老院可以并正在形成的空间。这些空间内外出现了稀奇的关系，尴尬的饭局促成商务合约，香港的资金把推土机送到云南的乡村，在杂草丛生的田地里清理出一块裸露的地皮。这些用于开发的投资许多来自国内，但也有融汇了国外资金的。例如，在昆明市郊，我曾遇到一位回族的穆斯林商人，他正在用来自中东国家的资金在昆明建立一家穆斯林养老院。这种种互动和交易最终造就了场所，而它们又为更稀奇的人际连接制造了新的契机。

这些稀奇的人际连接，在一天下午我去拜访昆明南部的幸福晚年老年公寓时充分地体现出来。我观察到，除了共享一个空间外，房间里的人们差异很大；就像五年前的皮革工人们除了疲惫的脚步一致外，别无相同之处。王鲁医生来自云南东北方2000公里外的安徽省，在朋友的推荐下来到幸福晚年老年公寓。这天下午，他在做下午的例行巡房时，被赵阿姨拦住了将近20分钟。赵阿姨是一个年近70岁的健谈的退休教师。她丈夫也是退休教师，正坐在角落里，努力用薄薄几页报纸挡住他们的谈话。

赵阿姨和丈夫来自北边900公里外的重庆，去年他们退休后，拿着优渥的退休金，立刻决定逃离重庆灰蒙蒙的冬天和湿气过重的夏天。虽然两人都没有严重的健康问题或残疾，但养老院多样化的服务和社交机会令他们觉得，它是比同等价位的公寓更明智的养老投资。赵阿姨对这家机构特别热情，说其优秀的管理模式是效仿了上海一家日资养老院。

正当赵阿姨有模有样地讲起儿子的新女友时，一阵轻轻的敲门声打断了她。护工韦晴端着盘子走了进来，放下两杯酸奶和吸管。韦晴说她是两周前从昆明西边150公里外的小城楚雄附近的一个农村来的。在村里多年干旱后，她在幸福晚年老年公寓当过一年护工的姑姑，劝说她坐3小时大巴来到昆明这家养老院应聘。

王医生、赵阿姨和韦晴都是中国日益增长的人口迁移大军中的一员，主要是从农村迁往城市。中国的城市居民比例从2005年的43%上升至2015年的56%，云南省则是从30%上升至43%（*China Statistical Yearbook 2019*, 2019）。王医生和赵阿姨有城市户口和经济基础，不再属于所谓的流动人口，不用经历像韦晴这类农民工遭遇的重重困难。流动人口从2000年的1.21亿到2014年翻了一倍多,达到2.53亿(*China Statistical Yearbook 2019*, 2019)。不过,他们属于新养老流,即近年来移居海南、云南等南方省份,以避北方寒冬的数百万老年人(Sina, 2016)。

在过去的10年里,这股流动加强了,流向多个维度和方向,由此带来的摩擦也产生了新的形态。正如罗安清(Anna Tsing)所言:"一根棍子只是棍子,两根棍子摩擦产生光和热。这个摩擦比喻给我们的启示是,不同质、不平等的东西相遇,会带来文化和权力的重组。"(Tsing, 2005: 5)就拿养老产业来说,来自北方的医生和退休人士、来自农村的男女青年、来自中东地区的资金与来自南部和西部的技术,将过去的寄宿学校、田地和皮革厂重建为养老院。但当这些场所想象完毕、建设完毕后,其空间又是如何寓居和争夺的呢?

制造空间

当我坐在玉山老年公寓庭院小路外侧的长椅上时,感官受到了一波叫嚷声、汽车喇叭声和咳嗽声的噪声轰炸。工作人员快速地走来走去,分发着堆在托盘和推车上的衣物、食物和药物。老人们由家属或护理员搀扶着,拖着脚慢慢地遛弯儿。一个沉默的、穿橙色安全背心的老奶奶经过,扫去一撮散落的树叶。她后头跟着一位老人唐柏,举着苍蝇拍作势要打。院长跟在他儿子开的小型送货车后面，迈着大脚板跑过去，裤子高高勒在圆滚滚的肚皮上。他冲一桌打麻将的老人喊了几句。他们见货车开来，听见喇叭不耐烦地按着，便把自己的桌子和轮椅挪往墙边，腾出地方。在我后面的花园里，护工把黑桶里臭烘烘的秽物倒入新犁的土地里。在我的左右两侧，老人们三五成群地扎堆着，有的把小型收音机贴着耳朵听，有的把零食传着吃，有的和探视者交谈，有的就窝在长椅或轮椅上，跟着日头慢慢的变化，眯一会儿醒一会儿。

这些寓居空间中的独特纠葛，带着各自的运动和节奏，以及声音和气味，存在于每一家养老机构中。在美国的养老院工作期间，雅典娜·麦克莱恩发现，养老院"是一个家，一个机构，一个工作单位，一个受监管的行业，更是一种商业……每一样都有不同的、往往冲突的要求和期许"（Mclean, 2007: 62）。就像对玉山老年公寓的描述所示，这每一种不同的功能都需要自己的空间。爱德华·霍尔（Edward Hall）在早期的空间民族志研究中发现，我们的空间感受取决于"对环境特定方面的选择性关注或忽视"，所以"让一些人感到拥挤的，未必让另一些人也感到拥挤"（Hall, 1968: 84）。每个来到中国的外国人都会发现，这里对拥挤的容忍度高于一般国家。拥挤，就"意识到受人关注"这个意义上来说，既可以是密切的关心，也可以是幽闭的监视（Tuan, 1977: 60）。空间是一种必须不断争取和捍卫的有限资源，无论是在公交上、人行道上，还是在排队时。在照护领域，许多争取空间的常规手段是受限的。我们可以把之前提出的问题"谁能从空间中制造场所?"稍改一下:"谁能从场所中制造空间?"如果空间是指移动和行动的自由,那么我们又能移动和控制他人的行动到什么程度呢?(Tuan, 1977)

在空间紧张的玉山老年公寓,你听到的第一个声音就是沉甸甸的钥匙圈上的钥匙叮当声。在这个拥挤的场所,大多数空间已经区隔开了。楼上每一层的大门都上着锁,以防体弱的老人走失。庭中花园也上了锁,以防老人误闯入受伤。与此同时,多人间卧室的门白天是全天敞开着的。相比之下,在幸福晚年公寓,很大一部分居民是住单人间或与配偶合住,有想关门就关门的自由。花园、娱乐室,甚至值班室,也都对老人和员工开放。除了前门是有人把守的电子门之外,听老人们说,唯一上锁的,只有放安眠药的药柜。

私人空间

在玉山老年公寓这类养老机构中,老人们共用卧室和浴室,而且无法竖立门、栅门等物理屏障,他们又是如何争取和捍卫空间的呢?塞塔·洛(Setha Low)在解释物理躯体与所占空间的相互关系时,提出"人们通过占领空间来制造空间"(Low, 2003: 16)。她是用这一点来阐释躯体扩张概念的,即从物理形态中延伸出去。她还说,"躯体所占据的空间,和对该空间的感受和体验,会随着人的情绪心态、自我意识、社会关系和文化素质而扩大或缩小"(Low, 2003: 10)。虽然洛揭示了空间制造的人际交互性，但她的调查对象在行动上比较活跃和自由。而在养老院环境下，躯体可能隶属于他人的工作空间，对于自我行动的掌控就严重受限了。

在我刚去玉山老年公寓二楼探访时，有一次碰到这样的情况。楼梯顶端的栅门上着锁，所以没有什么其他楼层的住户或访客来往。住户们都坐在大厅里，面朝房间，背朝俯瞰院子的栅门。没有人讲话，于是我静静地坐着，听着楼下的声响。这时一个房间门口出来一个女人，皱着眉，左顾右盼。她抚了抚头发，确认发夹好好地挽着头发。她的前臂上挎着一个黑色的方形皮包。也不低头，她皱着眉从包里掏出一把黑色雨伞。她看了看表，叹了口气。不顾那些看向她的目光，她快步迈向出口，到了栅门处想转动把手，然后疑惑地问坐在附近的人能否帮她开门，随着一声声的否定而越发焦躁起来。一位护工注意到了越来越大的骚动，喊了一句："奶奶，您女儿来电话了。快来接，她要挂了！"尽管没有铃响，没有来电，也没有错过的消息，这位老人还是匆匆回到了自己的房间。过了几分钟，她又出现在门口，手上挎着包，东张西望，理理头发，又看看手表。

苏珊·布劳内尔指出，"虽然盟友关系更重要，但是我们发现连接各方的物体具有更大的象征性意义"（Brownell, 1995: 243）。同样，在养老院，虽然"盟友"未必是理想的甚至是自愿的，但"物体的流动"将老人和护理员维系在了共同的照护工作中。

例如，一天下午，一位坐在坐便椅上的爷爷排泄了。过了漫长的几分钟，一位护工注意到气味，戴着口罩和手套走了过来。

老人比护工高一个头，所以两人都费了老大力气才让他靠稳在墙上，然后护工取出便盆来更换。从他脸上加深的皱纹可以看出，显然他为这事感到难受。他向她道歉，并一再感谢她，而她责备他道谢，说这是她的工作。之后，她用一根布条重新把他的椅子绑在栏杆上，以防他摔倒。老人和护工都在努力控制躯体的"危险"边界和越过、溢出边界的体液，可是躯体总是狼藉地泄漏（Douglas，1966）。在这个和上个例子中，无论是想约束（如坐便椅上的男人）还是逃脱（如挎皮包的女人），都无法决定和控制自己身体空间的边界，这给老人和照护人员双方都带来了不适。

那些能够掌控身体空间的人，则要不断为争取自己的空间而与其他住户或护理员竞争。由于这些个人空间是主观的、流动的，在边界地带最为显眼，所以一旦边界受到威胁、侵犯或防卫时，必须划分清楚。但就如以下吕奶奶空间被占的例子所示，老人们捍卫这些空间的能力往往是有限的。

一天下午，我去1号楼马阿姨的房间探视时，意外地看到住在9号楼、描着亮蓝色眉线的吕奶奶坐在沙发上。马阿姨这栋楼很小，所以其他楼的人很少过来。吕奶奶解释说，她感到头晕，于是马阿姨去给她找大夫了。我坐在她旁边聊天，但马阿姨的护工很快来赶我们，说有个1号楼老人要进来坐。护工想把吕奶奶带回她的房间，但她不想麻烦护工，于是由我陪着她回去。

等我们到了她的房间，她在床上坐下来，给我看一个戴帽子的大布偶。它算是屋里这个冷清清角落里一张友善的面孔。

她给我讲述了她的大学生涯，讲她从中学以后就没有睡过双层床了。然后她枕着胳膊肘躺下，坦言她今天非常生气。一个护工给她对床的老人洗澡，在房间里抖掸床褥，还把脏衣服堆在她的床上。吕奶奶说她只是站起来，走了出去。她不想惹麻烦，但她非常生气。

吕奶奶对于床被侵占的愤怒，显示出这种个人空间的重要性。很多时候，中国养老院老人面临着与城市外来务工人员相似的许多困难，护工也是——他们移居他乡时发现常常要和陌生人分享私人空间。一种普遍的不适和不信任感，使得他们的身体很难适应环境，导致了一种无归属感（Sun, 2009）。

南希·芒恩（Nancy Munn）在关于澳大利亚土著民的研究中，称土著环境的地标物"是一地权威的浓缩点"，但是"不划定空间的边界。应该说，它们是一种象征性中心，从中扩展出边界模糊或暧昧的空间"（Munn, 1996: 453）。和芒恩研究的土著民一样，玉山老年公寓的老人也有一些象征性的空间标记，作为躯体的延伸受到认可。最常见的是一种软垫，老人们用塑料袋携带，作为长椅上自己座位的标志。没有垫子的就用几张报纸或硬板纸，或直接坐在塑料袋上。就连报纸和袋子，一旦用上了，也不再给他人坐。如果他们离开去厕所，或去院子里遛弯儿，这些东西就帮他们占座直到他们回来。那些不肯出去的人，会在自己大楼的长沙发和椅子上有固定的位子。

有一次，当我坐在8号楼的沙发上，夹在吕奶奶（一位90多岁的开朗老人）和闵奶奶（一位80多岁、只是短住一阵子的老人）之间时，平时坐在院子长椅上的唐叔叔走了进来。他在门口站了一会儿，打量着这里，老人们都警惕地看着他。闵奶奶低声问我，他是不是来找我的，他以努力挤进我们坐的沙发上证实了这一点。吕奶奶一如既往地大方，往远处挪了挪，给唐叔叔让出更多地方，而沙发上的其他人都在嘟囔。稍稍聊了几分钟后，唐叔叔又来问我，还有没有耶鲁圆珠笔，说把上次给他的那支弄丢了。我给了他一支，他心满意足地走了，回到外头长椅那边，其他人都松了口气。

唐叔叔在8号楼的突然出现引发的不适感，表明除了躯体和行动外，时间和规矩也在塑造着空间。沙发空间的划分不仅是每个人争取的结果，更是他们日复一日争取的结果。唐叔叔的出现不仅是对边界的侵犯，也是那个空间正常规矩下的异动（Lefebvre, 1992/2004）。

空间与时间，节奏与规矩

养老院与其说是一个实体，不如说是在门、墙、通道等物理边界之间、之内、之外的一种节奏和流动。埃里克·哈姆斯在研究胡志明市郊区的空间改造时，揭示了人们的时间感是如何反映人际关系中多重权力系统的运作的（Harms, 2011: 102）。在那里，控制空间的人也是控制时间的人。按照亨利·列斐伏尔所说，"每当有时间、地点和精力交汇之处，都是有节奏存在的"（Lefebvre, 1992/2004: 15）。

养老院的节奏对于许多老年人来说单调透顶。"每天都一样。"一位老人说。另一位老人被问到白天做些什么时，回答道："整天就是吃、吃、吃，睡、睡、睡。"养老院生活的无聊无可否认。时间是没有意义的，而人人都在等待，等待太阳、吃饭、访客和死亡。与此同时，劳碌的工作人员行动节奏则快得多，从而导致了时间落差和无法合拍。工作人员经常叫老人们"快点"或"等等"。也是工作人员决定吃饭和睡觉的时间，但这些往往与老年人饥饿和困乏的内在节律是不一致的。

一天上午，当我在玉山老年公寓和一帮奶奶坐着时，午餐铃响了。所有老人都起身回了自己的房间，只有一个新来的老人除外。她挥手拦下一个路过的护工，问道："她们上哪儿去？"护工答道："去吃饭！""我吃过了。"新来的老人困惑地答道。护工笑了，慢慢把她领向她的房间，说道："那是早饭，现在是午饭！"

这位新来的老人的困惑可以理解。午餐在上午 11 点就开始供应了，让护工有时间在午休前清理完毕。最终，大多数老人都像列斐伏尔所说的，"放弃自我，交出自我，等候死期到来"（Lefebvre, 1992/2004: 27）。他们在不饿的时候吃饭，在不累的时候睡觉。唐叔叔是少数戴表的老人之一，他没有让养老院的节奏带着走，而是积极地参与其中。上午 10 点半以后，我就很难和他交谈了，因为他隔几分钟就会看一次表，哪怕午餐铃声会响亮地提醒大家。有一次我问他，饭菜好不好。"不好。"他答道，看了看表。我又问他饿不饿。"不饿。"他回答，又看了看表。虽然理应由身体"当他的生物钟"（Lefebvre, 1992/2004: 19），但只有手表能让他跟上养老院生活的节奏。

小结

本章通过关注"基础构造的形成"，展现了当代中国养老景观中丰富多样的机构现状（Biehl & Locke, 2010: 318）。如果你当真以为场所就是一个"价值的凝固点"，那么这些机构，尤其是私营机构千差万别的质量，会让你不敢相信（Tuan, 1977: 12）。这些机构以及其中的护工，为家属把精力投入到工作和其他个人追求中提供了必要的服务，但这些服务的价值常被低估、掩盖或隐藏（Buch, 2018）。

通常来说，对于养老院投资的讨论，只计算了入住费用减去运营成本的净利润。它没有考虑到为家属腾出照护时间，从而提高了经济生产力这块的价值。从经济角度来说，这其实才是机构养老的最大价值。而如果得不到社会和国家应有的认可和投资，养老机构就得继续忍受微薄的利润和凑合的服务质量。即使在机构内部，迥然不同的待遇也反映出许多养老院和整个社会在财富和机会上的分布不均——这些差距是可以通过国家的标准化政策和持续性监管来缩小的。

虽说初心是好的，但不是所有的空间想象都能撑过养老业的各种意外，变成现实场所。我最近听说，那位上海投资者陷入了土地征用的合同纠纷，面临着交易落空的风险。不过，继她之后还会有许许多多投资者畅想建立新的场所。建成后，再由照护人员和老人继续营造养老院环境，他们共同创造了共享的空间和时间，也由后者塑造着自身。然而，在参与共创的同时，如今许多老人因被迫与陌生人分享私密空间，面临睡眠、隐私和信任上的挣扎，感觉与自己的身体和环境都疏离、割裂了。在接下来的章节中，我将通过追溯中国过去和现在的各种养老模式，来探讨这些亲密的照护关系。

第4章

无偿照护

> 照护最难写的地方，不在于斟酌用词，而在于词不尽意。
>
> ——安娜玛丽·莫尔（Annemarie Mol）等，
> 《照护的现实》（*Care in Practice*）

一个护士和一个护工俯身在一位90岁老妇人的床边，往她鼻孔里插鼻胃管。患者年近70岁的女儿坐在矮凳上，扭头不忍看母亲痛苦扭曲的面容。护工紧紧按住患者，调整她的氧气面罩，护士则来回捅着管子。等终于插好了，女儿上前，揉搓母亲的腿脚，望着她艰难地呼吸着，说道："妈，别怕。没事。深呼吸。"护工握着病人的手，抽了几张纸巾垫在她氧气罩下的皮肤上。女儿也接过一张，揩拭眼泪。

15分钟后护士回来时，女儿还在哭，但护工到了房间另一头，和另一位病人的家属有说有笑的。女儿叫护工过来帮她清理母亲的便盆。护士关上房门，去照顾其他病人，护工拿着一个便盆和一些温水过来。护工给病人清洗擦身，检查她皮肤上的褥疮，在看着红肿的地方涂点红药水。护士在一旁看着，又拿了个枕头来给她垫严实点儿。女儿搂住母亲，温声安慰她。等护工帮老人清理干净，女儿打开一张皱巴巴的纸，记录下日期和时间。

当然，房间里还有一个人，观察员（也就是我）。我也在记录着看得见和看不见的东西。我清楚地看见那张折叠的纸，是因为那就像我手机上的那款应用软件，几个月前，用来记录非正式的日常病情报告："2013年9月23日：妈妈写下'S''T''O'几个字母；独立呼吸了1小时。"为了弄懂新的现实，证明时间停滞的疾病空间里的变化，她——我——死死揪住微末可笑的细节。"2013年9月30日：妈妈吞下了布丁，舌头还能转动。总的来说，是非常不错的一天。"

当我观察其他人照料那位身体渐渐失控的母亲时，我自己的母亲正在家里努力夺回对自己身体的掌控。虽然只看到一点失去母亲的空白，但已经让我触目惊心。多年后的今天，我看到了自己的经历是如何影响我对中国家庭照护的观察的。即使我想剥离二者，也不过像剥离布上之色一样徒劳。在接下来的篇幅里，我将着重描写在养老机构见到的人际关系和交流，不是为了拆开关系，而是展现维系人与人的关系的复杂性，以及探讨影响照护体验的多种关系视角。

本书的核心所在，将老年人、家属和护理员等这些群体维系在一起，并定义他们共创空间的，是"照护"（care）。本书描述的养老院、医院和安宁疗护病房，如前几章所述，是"在多种统治形式和全球政治经济转型下"的新照护安排（Buch, 2015: 287）。虽然照护是本研究及同类研究的主题，但很难解释这个概念。它是司空见惯而无所不在的，但真要去定义它，又捉摸不透了。毕竟，照护"未必是说出口的"（Mol, Moser, & Pols, 2010: 10）。就像家或内心深处的心思一样，许多照护形式可谓"太近而看不到"，特别对于受照护对象来说，往往很在乎这种无形性和体贴性（Tuan, 1977; Sadruddin, 2020）。照护可以被定义为一种"对他人的认知和情感朝向"（Rummery & Fine, 2012: 323），一种"典型的道德行为"（Kleinman, 2009: 293），一种"劳动形式"（Rummery & Fine, 2012: 323），一种"互惠行动"，以及一种最终"为了改善生活"（Mol, Moser, & Pols, 2010: 13）的"躯体经历"（Kleinman, 2015: 240）。

在伊恩·威尔金森和凯博文近期关于社会磨难的研究中，对照护行为的说法值得详细引述一下。他们认为，在进行照护的时候，是将很多现实东西，包括生命本身交付进去："在照护关系中，我们必须在对方身边，为对方贡献。投入情感，处理情感，成为相互支持的基础……关注照护让我们发现了一些脆弱的关系，其中的社会价值观以对人类的影响和作用的形式，戏剧化地呈现出来。照护环境将我们带入充满道德意义的社会关系中，以及作为道德实践的物理行为和象征行为中。"（Wilkinson & Kleinman, 2016: 161）

在本章和第 5 章，我将探讨养老环境下的这一"脆弱关系"，以及相应的价值观和行为。首先，我会分析"照护"在中国的定义和期望，及其在过去一个世纪中的演变。我将探寻由谁照护、如何照护以及为何如此。接下来，我会具体阐述养老照护。通过描述日常照护行为，来呈现当今养老的各种模式的面貌。另外，我会强调照护的情感性质，并通过对自身经历的反思，来浅略谈谈这一深不可测又近不可察的事物。

中国传统的照护观念和期望

虽然儒家文献中没有直接对应于"照护"的词，但有学者认为，"仁"（意为"悯""慈""善"）之美德包含了与"照护"一词相近的许多人际关系原则。"仁"由"人"和"二"两字组成，本身就是关系性的（Pang-White, 2011: 376）。"仁"和"孝"是儒家伦理的核心，强调他人指向性，这使得儒家思想成为一种关系性而非个体性的伦理体系（Pang-White, 2011; Wong, 2008）。不过，儒家道德提倡"有别关怀"（Wong, 2008）或"分级的爱"（Pang-White, 2011: 382），意思是尽管"所有人都值得道德关怀，但根据与施者的亲疏关系，一些人比一些人更值得"（Wong, 2008）。基于这些观念，最高的道德关怀或"照护"，应给予其直系亲属，并由此向外围递减。

虽然儒家文献中对于照护的总指示带有主观性和相对性，但对于养老照护的期许很明确。如第 1 章所述，中国的传统社会是父系的和从夫居的。儒家观念要求儿子留在父母的家里，为其提供生理、经济和情感照护。虽然照护责任传于儿子，但儿媳作为承担日常照料工作的管家，是受供养老人的传统照护者（Wolf, 1972; Zhan, Liu, & Guan, 2006）。中国女性研究先驱玛杰里·沃尔夫（Margery Wolf）指出，虽然有些儿媳和婆婆在抚养孩子和分担家务上有共识，但对于大多数女性来说，婆媳关系是出了名的紧张（Wolf, 1972）。

20世纪50年代到70年代，中国的土地改革和集体化政策大大削弱了长辈对于晚辈的经济权力。然而，它没有立即改变家庭生活的照顾结构（Parish & Whyte, 1978）。祖父母仍然被鼓励去照顾孙辈，以便工龄子辈可以去工作，而且地域流动性也被大大限制了。因此，许多家庭依旧过着多代合居的生活（Shea, 2019）。尽管女性在劳动力市场上很活跃，但在家庭中依然承担着过重的照顾责任，而且改革多年以来，婆媳关系始终充满了矛盾（Parish & Whyte, 1978）。20世纪80年代到90年代，经济机遇和工作需求的增加，带来了生育率下降和合居模式的改变，赡养期望也发生了变化，尤其对儿媳来说更是如此（Shea, 2019）。

如今，尤其在城市地区，越来越少的家庭选择多代同堂生活。因此，对儿媳的养老期望发生了重大转变。在对上海的一项混合方法调查中，邵镜虹和张彦发现，儿媳占社区主要照顾者的5.9%，作为老年人赡养主力，只比邻居的4.3%稍多一点（Shea & Zhang, 2016）。合居模式的变化也改变了婆媳关系的状况。我的一位受访者，一位80多岁、精神矍铄的玉山老年公寓老人讲述了这一变化是如何在她家上演的："当中国还是封建社会的时候，媳妇和婆婆住，媳妇怕婆婆。但时代变了，现在有些婆婆怕媳妇！你敢信啊？上周我媳妇给我买了些新衣服。我不需要，但还是装作开开心心的。"虽然她的反应未必是出于害怕，但对于儿媳的这种礼待显然不再是传统的指望顺从。

养老法律和政策

随着传统养老模式的底层结构开始瓦解，新的正式政策出台，以明确赡养老人的责任。从1996年《老年人权益保障法》开始，一系列针对老龄化和养老的规定努力填补养老需求和养老供应的落差（Shea, 2019）。这部法律与其他正式政策一起，要求子女（包括女婿和儿媳）"提供经济支持，包括住房和房屋维修、医疗费用开支、物资援助，照顾'老年人的特殊需求'，给予情感支持，包括尊重、关心和经常探访"（Shea, 2019: 339）。与儒家思想的权威纲常不同，当代养老法律和政策在分配赡养责任上是性别平等的。鉴于一胎政策下出生的庞大独生子女数量，这种性别平等是有道理的，也与城市居家养老现状的报告相一致。例如，邵镜虹与张彦在上海社区的定量调查中发现，在240位受调照顾者中，儿子（26.5%）和女儿（24.7%）作为在家养老主力的人数比例基本持平。然而，性别差异是多方面的。尽管儿子和女儿的比例相当，但妻子的比例远大于丈夫，而且总体上63%的主要照护者为女性（Shea & Zhang, 2016）。

子女照护

在第1章，我强调了造成当代中国亲子关系的复杂因素，说明了子女向父母尽孝的方式是受地理距离、工作日程、经济状况和照护需求是否冲突影响的。如本章上一部分所述，在社会想象和国家政策中，都期望子女成为父母的养老主力军——但实际上，他们只大约占居家照护主力的一半（Shea & Zhang, 2016）。此外，当年迈的父母需要密集照护时，他们的子女往往也已经老了。我在医院见到的许多成年子女已经退休，连他们的孙辈都上学了。对他们来说，赡养父母的责任——如去养老机构探望——并没有削弱其他责任，也会带来经济压力，再加上与探访有关的医疗费和交通费。更忧心的是，他们自己的身体也需要照料，无法满足长辈的在家医护需求。

对于这些所谓的"三明治人"，即上有老、下有小的工龄成年人，养老通常是早有预备的事情。吴医生是一家中型市级医院人脉很广的内科医生，是个深思熟虑但不大耐心的人。我在他烟雾弥漫的办公室里等候时，一边听他对着电话吼叫指令，一边观察那堆不断送来的礼物：一箱褚橙、几条香烟和几个唐代风格花瓶。他谨慎地区分着哪些是用于过去人情的，哪些是用于将来的，即便我这个没什么人脉的外国人，也明白拒绝收礼有多难。吴医生和其他大多数受访者不同，他是一位穆斯林。

他认为，如今的许多中国人缺乏宗教信仰，这是他们晚年会感到孤独寂寞的根源。用他的话说，信教的人都忙着祈祷和修身养性，没有时间孤独。"孤独是一种心态问题。"他向我解释道。

吴医生以其内科技术和仁德在社区里备受尊敬。当我们和其他医生出去吃饭时，谈到赡养老人的话题，他们总说吴医生照料双亲的方式，就是一个好儿子的榜样。因为我研究的大部分是养老院老人，所以很想观摩一下他在家照料老人的独特模式，于是很高兴地接受了吴医生的邀请，新年去他家吃晚饭。因为向我解释去他家的公交路线太麻烦，吴医生便用他那辆很朴素的车载我过去。他告诉我，由于在公立医院工作，最好不要开豪华的车。当我们经过一片又一片被夷为平地的混凝土和金属瓦砾堆时，他解释说，他是10多年前为双亲买的这栋房子。那时周边有许多小商店，但现在，为了新的开发，一切都被推平了。他相信在未来的5年内，周边会重建，再度热闹起来。我们又经过一些打盹的狗，穿过有保安的入口，来到一个有大门的独栋住宅小区。吴医生停靠在短时停车道上，带领我参观了有围墙的庭院：两个角落里种着柿子树，还有一个小花圃和挂满葫芦的天井。到了家中，他给我看他女儿的照片，她坐在一架闪亮的三角钢琴前，他告诉我，她现在在国外学习商科。他母亲正在厨房包牛肉馅饺子，父亲在看报纸。后来，我问吴医生关于父母和他自己的养老计划，他说他一般会在周末和节假日来探望父母，但他们还能照料自己。等到他们有更密集的照料需求时，他预留了一笔钱请家庭护工。至于他自己，他不指望女儿从国外回来照顾他。他计划尽可能久地住在家里，并考虑在退休社区预定位子，以防他需要更密集的照料。

按吴医生以及与我交谈过的许多老人和家属的话来说，只要一个人还能"自理"，就不会选择去养老院。在这种情况下，成年子女能提供给父母的最有益的照护形式，就是通过探望、打电话来保持联系，以及为未来的需要做好准备。一位45岁的医生，住得离父母有几小时的路程，她说自己通过鼓励父母做他们想做的事来照顾他们：去旅游，出去吃饭，花钱买让他们开心的东西。另一位35岁、无兄弟姐妹的安宁疗护医生，已经在她的公寓里为父母准备了一个房间，尽管她的父母明确表示过不想搬到城市来，除非别无选择。

然而，即使计划再周全，许多人最终还是会发现无法在家照顾自己或家人，继而决定寻求机构照护。对于选择机构照护的老人，家属依然是照护团体的重要一部分。我在访问昆明医院期间常常见到家属，而且正如开头的小插曲所示，他们提供了大量的物资照料。在养老机构，家属探望通常会排在固定的时间，在周末达到人流量的高峰。来到这里，他们会准备食物，帮助老人洗澡、穿衣，提供枕头、衣物、靠垫等物品，以作为机构设施的补充。

家属也几乎是情感照顾的唯一来源。虽然提到照顾老年人常说"关爱"，但老人们用得更多的词是"关心"。"关心"除了有照顾和担心之意，还表示"关注"。有一次，我问玉山老年公寓的一群老人，老年人最需要什么，一名女士大笑道："关心我！"

其他人纷纷踊跃地表示赞同。他们说，这就是所有老年人需要的：接到电话或有人来探望，感受到关注和关照。老人们说，尽管家属以外的人也能提供"关心"，但这种情感关怀更希望由亲人来提供。

在我参观过的所有养老机构中，每天都有家属来探访，但周末时走廊和房间里会挤满成年的子女和配偶，拎着大包小包的水果和饼干，推着轮椅，握着老人的手，给老人梳着头发，以及带来换洗衣物和新衣服。一如开头的插曲所示，他们关注的老人的身心部位和有偿护理员不同。家属们一般关注老人身体的外部部位：手部、脸部、头部、衣着，还有胃部。家属每次来访都会给老人带来饭菜和零食。有一些我参观的医院不供应饭菜，或者饭菜质量对于病人来说太差了，家属们便要大力承担起这一项工作。在老年人健康状况较为稳定、生活较为单调的养老机构，成年子女们来探视时往往无事可做，就会和父母静静地坐在沙发上看电视、织毛线、吃零食，或带父母在院子里慢慢地溜达。

家属探访常常被老人用作一种时间测量，数着距离他们上次或下次探访还有多少天。家属来访的频率和逗留时长是他们"关心"的标志。然而，对于探望，老人也有一种矛盾心理。例如，马阿姨常告诉我，她多欢喜儿子们来看望她，把他们一周一次的例行探望当作关系亲密的象征。但有一回，当我说到儿子们马上要来看望她时，她叫道："来看有什么用？"另一位成年女儿探望完母亲后，在离开的途中停下与其他老人聊天，他们都称赞她来看望得勤快，是一个多么孝顺的女儿。她笑着说："告诉我妈啊！"她解释道，她母亲总是发短信或打电话问她什么时候来看她，哪怕她当天才来过。一位奶奶指出，对于养老院环境下家人照料的理想和现实的落差，反映出人类的深层次欲求："心灵就是渴望爱和关怀。其实，哪怕是在家里，也一直渴望爱和关怀。"即使在今天这个周日，我驱车离开探访的童年故居时，脑海里仍回荡着这句话。当田野上方的天空染红，我在想：我待得够久了吗？交谈够真心吗？如果那是我们最后一次相聚，我建立了足够多到没有遗憾的连接了吗？

配偶照护

虽然谈到家庭养老，最常关注到的是子女照护，但事实上，如今中国一半以上的老年人处于空巢家庭中，在一些大城市，这一比例则接近70%（Q. Li, 2017）。邵镜虹在最近的一篇文章中指出，配偶照护也是主要养老力量之一，但它在政府主要的老龄化和养老政策中被忽视和低估了："就好像只有儿女参与的，才叫真正的养老。否则，只是平常的生活。"（Shea, 2019: 343）

和其他国家一样，中国的配偶照护性别失衡严重（Buch, 2018）。由于妻子往往比丈夫年轻，配偶照护主要由女性提供（Shea & Zhang, 2016）。李奶奶的丈夫是玉山老年公寓的一员，在他髋骨骨折治疗不当导致瘫痪后，她一直在家照顾他。后来，由于她自己的背部毛病，她无法妥善地搬动丈夫近乎她两倍大的身体，他们才决定送他来养老院。我从其他许多夫妇那里也听到了类似的故事：当无法再照顾其中一方时，两人一起搬进养老院是很常见的，哪怕只有一人需要专门的照料。

鉴于这个原因，配偶，尤其是妻子，是养老机构中主要的照护力量之一。在幸福晚年老年公寓，那位协助办音乐活动的 89 岁的华奶奶，将余生的大部分精力用在了看护丈夫上，因为他总想着从大门溜出去。"我觉得我太老喽！"她告诉我，"我还活着，但活得太累了。虽然我经济条件还行，我被照顾得还行，但还有事情要我去花精力。"华奶奶丈夫的老年痴呆发展得很快，尽管幸福晚年公寓的管理不错，但还没有配备专业的记忆护理服务。在他们住在养老院的两年中，华奶奶的丈夫曾三度躲过保安从锁着的大门溜出去，有一次还乘公交进城了。回想起她数小时的搜寻和无休止的警戒，她叹了口气，解释道："我就是觉得，有点累了。"

华奶奶这样的经历在中国越来越普遍。在城市地区，约 96% 的痴呆患者不是在养老院，而是在家中接受照护，而且照护责任主要由配偶承担（Z. Chen et al., 2017; C. Wang, Chan, & Yip, 2014）。由于很少有养老院有专业的痴呆照护培训或资源，许多都不接纳那些有严重认知衰退或其他行为障碍的老人（Z. Chen et al., 2017）。[1] 如果特许接纳了，比如华奶奶的丈夫这种，需要配偶承担额外的照护责任。

我见过几位像华奶奶一样的配偶，尽管他们自己尚能独立生活，也选择搬入养老院为老伴提供额外的照料。另一些，则像李奶奶一样，虽然不和老伴一起住，但依然通过频繁的探望来提供照料。李奶奶每隔一天就会坐一小时拥挤的公交来玉山老年公寓，给她的丈夫带来食物以及社交和情感支持。正如其他相关研究记载的，这些配偶并没有抱怨或憎恶其照护工作，反而为还能有所贡献而感到欣慰（Shea & Zhang, 2016）。

自我照护

在我住宿小区的后门外，人行道上有一条长长的、镶嵌着鸡蛋大小鹅卵石的路带，从水泥地上凸出几厘米。一位当地朋友解释说，站在或走在这些石头上能刺激脚底的穴位，以治疗各种小毛病。当这条卵石道上没人时，我会踩上去，感受石头透过薄鞋底，像指关节一样硌着脚底。大多数清晨和晚上，会有一两个只穿袜子或光脚的老人慢慢地走在卵石道上。在中国的城市地区，老年人们采取各种各样的方法进行自我照护。在露天广场上，早晨和晚上都有各个年龄的人——但以退休老人为主——聚在一起跳舞、练气功或打太极拳（Shea, 2014）。他们还会使用住宅小区里常见的成人健身器材来按摩、伸展和强健身体。

在维持心理健康和精神调剂方面，许多人会参加所谓的老年大学课程，或去公园里看报纸以及和其他老人一起游戏消遣。还有一些人，像周爷爷，为自给自足而感到自豪。我遇见周爷爷时，他在昆明一家省级医院接受慢性心脏病的治疗。他以前是一名教师，唯一的孩子住在加利福尼亚。妻子于一年多前去世，如今92岁的他独自生活，雇了一名叫魏阿姨的护工来兼职照料他。当我问他对衰老的感受时，他回答道："我的观念是，不管怎么样，你活在这个世界上，活着就要开心。不过，这种开心要建立在内心的平衡上。不要嫉妒比你富的人，不要看不起比你穷的人。每个人的情况不一样，生活处境不一样——真的是这样。我们中国有句老话：'富贵不能淫，威武不能屈。'无论如何，你在这世界上，可以开心过着平淡的生活，足够了。知足常乐。"

的确，周爷爷过着平淡、知足而快乐的生活。我去过他简陋的公寓两次，跟着他一步步爬上四楼，他告诉我有52级台阶。他住的楼房和那个年代的很多建筑一样，没有电梯。等我们到了他家，魏阿姨开始准备午餐。周爷爷给我倒了咖啡，给自己倒了普洱茶。桌上堆着他收藏的各种茶叶包，墙上挂着一台大平板电视，屋里四周的架子上醒目地摆着他和亡妻的照片。他给我看他女儿、女婿和外孙的照片。他告诉我，空闲的时候，他一般会玩玩电脑，在微信、QQ上和家人、朋友聊天，看看报纸和外国电影。他讲述了战争年代、粮食定量配给的回忆，直到该吃午饭了。落座后，周爷爷为我介绍了这顿营养均衡的饭菜：红烧肉、番茄炒蛋、绿叶菜、鱼和汤。饭后，他的三个80多岁的好友也爬上这52级台阶，来找他打麻将。他们稍微聊了几句过世的配偶和知道的几个英文单词——但就像我们吃饭时只谈

想象另一种可能

看理想App畅听卡

[看理想App]
150+ 档节目 | 9000+ 集小节 | 3000+ 小时
历史、人文、社科、艺术等节目可免费畅听

可免费畅听节目推荐

葛兆光×梁文道	从中国出发的全球史全6季
看理想×理想国	讲谈社·中国的历史
陈丹青	线条的盛宴(视频)
任剑涛	混搭的承诺:现代政治观念史40讲
许子东	20世纪中国小说
杨　照	资本论及其创造的世界
钱永祥	人性之镜:动物伦理14讲
杨　照	温情与敬意:钱穆学思总览
庞　颖	思辨力35讲:像辩手一样思考

扫码免费领畅听卡

论吃的，他们打麻将时也只谈论麻将。最终，交谈声淹没在毡桌上噼里啪啦的麻将声中。

社区照护

中国的一些城市，比如上海，一直在大力开发社区养老项目（Y. Zhang, 2020）。利用强大的社区网力量，这些社区养老服务，包括小型诊所和上门服务，是为了帮助老年人尽可能久地留在家中。然而，在昆明，尤其是市中心的许多老年社区已经拆除了，为新开发腾地方（L. Zhang, 2010）。在社区网被削弱的同时，志愿者团体也承担起一些照护工作。有一次，我参加了一个佛教志愿者组织，他们定期去昆明一个低收入的老年社区，为老人提供食物、药品和娱乐。当我们到达时，已经有40来人聚集在一个大的社区中心里，吃着瓜子、坚果等零食。这次拜访，志愿者们——包括成年女性和从幼童到高中生的孩子——组织了一场文艺表演。观众们对于大部分表演反响平平，但一个双人瑜伽节目引发了激动的叫好声和热烈的掌声。之后，我和志愿者们一起去一家素食茶餐厅吃午饭，席间他们讨论了下次不带零食带药品来的利弊之处，以及可能要把国歌纳入节目，以激发老人对于国家提供住房的感恩之心。

为了加强社区连接感，学校也一直鼓励学生参与志愿服务。一天下午，我到玉山老年公寓时，看到6个中学生和家长监护人聚在一小群老人面前。他们解释说是在做学校的一项作业。每学期,他们都有一项作业是提升对困难人士的同情心。这学期,他们要参观孤儿院、养老院或民工社区;下学期,他们要花一周的时间体验做家务。我跟着他们从一栋楼到另一栋楼,随着手机播放的听不太清的音乐唱歌跳舞。一些老人对他们的到来无动于衷,另一些则高兴地忙着为他们腾地方。老人为学生手和胳膊上光滑的皮肤而羡叹不已,对他们听不太清的问题报以笑声。大约过了一小时后,学生们把他们的作业拿到办公室签字,然后挤上面包车,挥手告别。我看着他们的父母递给他们一袋袋饼干和零食时,想起以前去我家乡的养老院探访的类似经历:我们唱的跑调的歌,只问一两个问题的尴尬对话,以及回到车上离开时的如释重负感——用我皮肤光滑的手抓起一包零食,和朋友们轻松地笑着,期待着当天的下一场冒险,已然把这次探访忘到脑后。

除了学生或慈善团体偶尔来访,这些机构通常是封闭的,与周遭的社区隔绝开来。在机构内部,老人们扮演了社区成员的角色,提供了重要的照护力量。例如,在玉山老年公寓,老人们协助做各种照护工作。有一位看上去80岁出头的沉默老人,会在走道上溜达几圈,用一根长钳子拾捡垃圾碎片。用餐时,年轻健壮些的老人会给年长不便些的老人喂饭,并帮助在饭后收拾。有一位萧阿姨告诉我,她一直在照看其他老人,有时会叫她的儿女多带些衣物和食物给那些子女不来探望的老人。虽然老人们常常抱怨说,其他人都是"疯子",但其他人也提供了宝贵的陪伴、娱乐和情感支持。

在玉山老年公寓,最老的老人之一刘奶奶,特别关心其他老人。9月里一个寒冷的早晨,我和郭叔叔坐在8号楼对面的一把长椅上。他正说到最近偏头痛又犯了,刘奶奶推着轮椅上的萧阿姨,从大楼里走了出来。年纪大到其他老人都喊"奶奶"的刘奶奶宽厚又开朗。这天,她胖胖的身上穿了一件厚的绣花外套,头上橘黄色的针织帽拉得很低,大绒球垂到耳朵上。她把萧阿姨的轮椅停在我们旁边后,弯下她97岁的膝盖,给郭叔叔卷起运动裤裤管,让它不拖在地上。过了几分钟,钟阿姨朝我们走过来。她一边哭一边用袖子擦着鼻涕,哀号着我们多么漂亮,她的丈夫怎么不要她了。钟阿姨总是沉浸在悲伤中,萧阿姨悄悄告诉我她是"疯子",因为她把家里的钱都打麻将输光了。不过,刘奶奶耐心地听着,劝着"不要哭,不要哭",还从细心叠好的薄薄的纸巾中抽出几张递给她。那会儿才上午10点半,但刘奶奶劝钟阿姨回房间歇息,等候吃午饭。

小结

除夕夜,在吃了一顿过饱的五花肉和饺子后,我约了一些因工作关系留在这座城市过年的护士朋友。她们想出去玩,于是我们去了酒吧区。城市的其他地方已经安静下来,但酒吧区狭窄的小巷里霓虹灯和音乐依然热闹。在拥挤的酒吧里,我是为数不多的西方人之一，而且穿得也很不起眼。身着扣角领衬衫、大腹便便的商人们执意请我们喝啤酒，换两句不温不火的交谈。最后大家都觉得无聊，我们就去了舞池。环顾四周的人群，我发现大多数是20多岁的人，是"独生子女一代"。许多可能和我的朋友一样是外来务工人员，受职业所迫不能回家过年。但我觉得很奇怪，这些很可能是独生子女的"小皇帝"们，竟在这个最重视家庭的日子里远离了家庭。几周前，我曾问过吴医生，过年时医院的人是否会走光，毕竟家属们会想带老人回家过年。他说不会，恰恰相反——床位比平时更满。他告诉我，如果人们把病患亲属带回家，他们就没法享受节假日了。再看这个澎湃的酒吧，一个穿红色丝绸夹克的浓妆司仪走上舞台，唱起一首关于家和回家的流行歌曲。熠熠闪光的人群，手持香槟和进口啤酒的酒杯，热情地跟着哼唱。前年我在美国旅行的时候，感恩节没能回家，去了一家当地酒吧吃填馅火鸡。无意中，我听到酒吧里其他人议论，说享受自由多好，和朋友出来玩而不是忍受没什么意思、尽义务般窒息的家庭聚会。当昆明的这些人们情绪高涨、热切地歌唱着家和爱之际，令我感受到那种主动远离从未认真靠近之物的解脱。

越来越重的工作压力和日益改善的经济条件，正在改变当今中国家庭的多代同居模式和社会生活。越来越多的老年人开始自我照顾和互相照顾，让儿女可以去追求自己的幸福，过自己的生活。随着中国城市照护难题的演变，也许儿媳这个社会角色成了中国人口变迁的真正受益者。不过，她们空出来的角色很快被一个新的、以女性为主的有偿照护群体填补。在第 5 章，我将介绍超出家庭范畴的、护理产业中的照护，探讨有偿照护工作是如何带来新的社交形式的，以及这类关系的局限性。

第 5 章
有偿照护

> 我们探寻人类照护什么，照护条件如何，照护者如何，以及那些个人或群体被照护得如何时，是在考察人类社会性最基本的条件。
>
> ——伊恩·威尔金森、凯博文，
> 《对社会的热爱》(*A Passion for Society*)

中国富裕的家庭雇用家务帮手由来已久，但雇"保姆"这种同住或时薪制的家务帮手，直到 20 世纪 80 年代后才成为城市的通用做法（H. Yan, 2008）。与郭思嘉（Nicole Constable）研究的香港的菲律宾家政佣工一样，"保姆"主要为中年农村女性，负责打扫、做饭，照顾孩子、大人和老人，让中上阶层的女性得以把精力从家务琐事中转移到"更有趣、更欢娱或更赚钱"的活动上（Constable, 2007 : 22）。

严海蓉在《新主人，新仆人》(New Masters, New Servants, 2008)一书中指出，受调者们常抱怨说，找个好保姆比找老婆还难。我从我调查的人们那里也听到了类似的说法。一位富裕的受访者说，她家已经换了十几个保姆。有些走的是因为想家，有些是被发现手脚不干净。她记得有一次他们雇了一个小伙子和一个小姑娘，结果两人好上了，然后就离开了。[1]还有一个是得了传染性皮肤病，只能叫他离开。和严海蓉调查的许多人一样，我的受访者也说，找到"合适的"家政人员很困难，说很多保姆要么"没素质"，要么"没文化"，要么就是"管不了"(H. Yan, 2008)。

因此，中国的养老产业越发偏向于采用"护工"而非"保姆"照护。和美国的私人护理师一样，护工在中国的所有养老机构也是普遍存在的。由于中国医院护士的工作量大，许多达到与病人1∶8的配比，护工就成了一股重要的照护力量，主要负责帮助老人进行日常的生活活动。一项对上海一家医院神经科为期4周的直接护理服务调查表明，护士只提供25.6%的直接护理服务，另外74.4%的护理服务由家属、护工和护理系学生提供(H. Jiang, Li, Ma, & Gu, 2015)。

有人会说，转向外人照护显然打破了儒家家庭照护伦理，但也可以说，传统的媳妇照护也是一种外人照护。玛杰里·沃尔夫发现，许多婆婆对于儿媳有种矛盾的态度，把她"有时当成家人，有时当成用人"(Wolf, 1972:35)。鲁比·沃森(Rubie Watson)也发现，在过去婚姻被视为家庭经济交易的年代，妻的地位与不自由的妾、仆差不多（Watson, 1991）。

鉴于沃尔夫和沃森的这些发现，我最初的一个问题就是有偿护理员和老年人能否形成亲人般的关系。有时老人们会说，某个护理员就像他们的孩子一样——这话通常当着该护理员的面说。更多时候，护理员会说，他们把老人"当作自己的家人"来对待，但这通常是在行动上而非情感上。确实，虽然后来有影响力的思想家，如墨子，提倡对所有人的无差别关怀，但儒家的差别关怀观念影响着老年人和有偿护理员的关系。

一部分原因在于，城市老年人和大多来自农村的护理员之间难以弥合的社会和文化差距。例如，张爷爷的有偿护理员郭喜，就是一个 30 多岁的农民工，从三年前来到这家机构后一直照顾张爷爷。郭先生体贴又和善，每当张爷爷要离开房间时就搀着他走，全天候照应，并保证在他抽烟时帮他点着。张爷爷对郭先生给予的照护质量非常满意，但他们的关系是有限的："并不是我看不起他。为什么我不和他多聊？因为有些东西他就是理解不了。"我们交谈时坐在一旁的郭先生，对此表示同意。虽然他的老家离昆明只有两小时不到的路程，但他初中没有毕业。对张爷爷来说，文化差距使他们无法真正获得情感上的亲近。

此外，许多老人表示担心被护理员骗。从假冒伪劣食品、投资陷阱到交通事故碰瓷儿，谋财骗术已经腐蚀了中国的社会信任（Y. Yan, 2009）。新闻报道和电视剧常常把老年人描绘成特别容易上这些"骗子"当的对象。有一次，拜访玉山老年公寓时，我扶一位感觉头晕的老人回房间。回来后，另一位住户马阿姨正坐在外边等我。她责备我扶那个女人回房间。我一头雾水，我还以为她们是朋友呢。马阿姨说我要再小心一点：这世上有坏人想骗我，或想骗我的钱。我让她别担心，因为我没什么钱，但我的不当回事反而令她更冒火。"万一她跌倒了，伤到了呢？"她问我。"会怪到你头上的。"她警告道。

在老人和家属担心受害的同时，有偿护理员们也承受着工作上的压力。护士和医生经常谈到病人在医院施暴的经历。一份报告称，超过半数的医务人员表示曾受到过来自病人，或更多是来自病人家属的谩骂，而超过13%的人表示受到过袭击（Buckley, 2016）。这种医院暴力被称为"医闹"，通常源自对照护的不满、对疏失的争议，或赔偿金和费用上的纠纷（Yu, 2016）。这些与病人和家属相伴最密切的人，常常觉得他们在医患纠纷中背负了不公的罪名。和埃拉娜·布赫（Elana Buch）在美国家庭照护行业中的发现（Buch, 2018）一样，人们一般期望护理员理所当然地在照护工作中投入共情、温暖和善意。但是，却不认为这种共情性关怀是要双向给予的：护理员经受的疲惫和压榨往往被忽视或无视，被认为只是他们自愿选择的工作的一部分。一位在安宁疗护病房上夜班的30岁女护工解释道："我们也睡在这儿，不准出去。（每当发生冲突时）……秘密是，是他们的错，他们也会说是我们的错。他们看不起我们护工，所以我们是坏人，你可以骂我们、瞧不起我们。时不时就会来一下。所以我们在这儿工作……和家属打交道等，有点难。他们有些会对我们说'谢谢'，有些不会。"

在这种私人化、投入情感的环境里，有偿照护员和被照护者在信任、边界、角色和期望上经常有冲突，而过去婆媳之间的矛盾表明，这也不是新鲜事了。过去的儿媳和如今的护工虽然——或者也许正因为——属于"外人"，却负责承担最亲近的照护工作，而工作还往往得不到认可。不过，由于护工不属于家庭成员，就如一位医院护工所解释的，他们的照护得由其他道德原则来支撑："同情心是非常重要的，因为有时候他们冲你发脾气、打你，但你不能还手。还要护工来发觉他们是冷了、饿了，（还是）病了，然后照应他们的这些需求。就算他们冤枉我们，吼我们，我们也要对他们好，因为他们是病人，因为他们来了我们科室。我们把他们当自个儿一样对待，因为我们最后都会变老。我就是这么想的。"

在下面一部分，我会更详细地探讨护工作为一股老年照护主力的兴起，以及他们是如何看待自己在养老机构中的角色的。

照护工作者：护工

8号楼的老人还在吸溜剩余的汤汁，护工已经开始麻利地收拾钢碗、钢盘，给他们擦嘴，解下围嘴。有个奶奶用胖下巴抵着胸口，打着瞌睡。一个护工轻轻拍了拍她的脸颊，在她耳边大声叫道："奶奶！吃好了吗？"把她的呼噜声当作肯定的回答后，护工把她碗里的残羹倒进泔水盆。另外两个护工兴奋地谈论着其中一位刚花35元买的新衬衫。她把衬衫从包里抽出来，展示上面的蕾丝和小亮片，琢磨着怎么做些改动。她们的声音压过了电视机的声音，但老人们似乎并不在意。等餐盘都收拾好后，这两位才抄起一个托盘走向厨房。房间突然安静下来，只有电视机低低的嗡嗡声、呼噜噜的呼吸声和偶尔的咳嗽声。然后，护工突然又回来了，给屋里带来了响亮的笑声和干净热乎的饭菜。

虽然护工承担着大部分的亲密照护工作，并活跃着照护环境，但他们很少在关于养老的记载中出现。部分原因在于，他们很难采访。在我的调查中，只收集到8个护工的采访录音和5个非正式的交流结果。起初，大多数护工不肯接受采访，要么说我听不懂他们的口音，要么说他们听不懂我的问题。然而，随着我在养老机构待的日子久了，和护工随意交流时才知道被拒绝的其他原因。一次，和一位在玉山老年公寓工作了10年的护工交谈时，她解释道，这是因为接受采访太容易让她丢饭碗了。她没有保险，没有养老金，没有职业保障。如果让办公室里的人听到她对外国研究员说了什么负面之词，她的生计，连同她家人的，都会受到威胁。

和全世界许许多多从事有偿和无偿照护——这种"令其他工作可行的工作"（Buch, 2018: 202）——的人一样，我采访的大多数护工都工作和生活在不稳定的环境中。作为占据中国正式和非正式劳动力一大比例的农民工大军的一部分，他们大多数人守着这份艰辛的工作就是为了养家糊口。为构建照护链或照护网，他们把自己的情感和经济资源几乎消磨殆尽（Buch,

2018; Hochschild, 2000; Heinemann, 2013）。来自上海和成都医院的研究结果表明，生活条件差、培训不足、工作不稳定、与家人分离、薪水低、人员流动率高，以及身体和时间上的压力，导致有偿照护者的抑郁水平越来越高（Hui, Wenqin, & Yan, 2013; Liang et al., 2018）。

42 岁的胡桂来自禄劝县，那是昆明西北方几小时车程外的一个多民族地区。和在这家市级医院安宁疗护病房工作的许多护工一样，她是因经济需要和个人关系来到这座城市的。她通过婆婆的妹妹的女儿找到的这份工作。胡女士的双亲都七八十岁了，和她的兄弟姐妹住在一起，而她和丈夫负责照顾丈夫家的长辈。虽然她两个孩子都成年了，但家里仍需要养活五口人：她、丈夫、公公、婆婆（都 60 多岁了）和 83 岁的祖父。她解释道："谁能工作？有 3 个不能工作，所以我出去找工作。家里需要钱，所以我去挣点。"她每天工作 12 小时，每两天休息半天，她说她的工作主要就是"洗脸、洗屁股、洗脚"。她还要打扫房间、给病人喂饭、翻身以防褥疮，以及与少数口齿还清楚的人聊天。不过，她承认，自己还是喜欢那些无法说话的人，他们从来不多提要求。

和我采访的几乎所有护工一样，胡女士是在家人或朋友的推荐下来做这份工作的。许多人像她一样，离开农村来照护城市的老人，以供养自己家中年迈的家人。其他护工，如长年在市医院工作的丁敏，则更接近于环境移民，在村子被开发工程推平、被粗糙的农牧业污染，或因近年旱灾和过度用水而干涸后，才移居城市的。

41岁的丁女士经由家乡朋友的介绍来到了这家安宁疗护病房，一干就是差不多7年。别人告诫过她，这是一份脏活儿，但她需要挣钱养家，她的儿子还想来昆明上学。她自己因为家里太穷，中断了学业："那时候太困难，太困难了。那时候，只需要付一小笔学费，但我们连几块钱都交不起。(他们跟我们说,)'明天再不交钱,你就别来学校了。'我们很怕啊,所以就不上了。"然后她结婚、种地，生了两个孩子。持续的干旱最终使得她家无法继续种地，于是她和丈夫背井离乡来城里找工作。她只在这一家医院干过，据她说，"每天都是一样的"。事实上，当我问她一周工作多少天时，她回答："8天。"她每隔一天要上夜班（从下午2点到早上8点），一个月挣1400元，工作还很不稳定。"不管怎么说，就一天天地过吧。"她告诉我说。

许多护工都这样抱怨过工作的枯燥。在医院里，他们通常会轮班；但在一些养老院，他们一天24小时待命。虽然薪水低、工时长，但很少人觉得这份工作比他们过去的农村生活或其他可做的农民工活儿更辛苦。

杜朵多的两个孩子已经成年，并且有了自己的孩子，但她还记得孩子们小的时候是她人生中最苦的时候。家里没钱，孩子们生病了，也要等到秋收后才有钱付医药费。她知道当护工辛苦，工资也低，但这还不是她做过的最差的工作。她做过许多工作——在楚雄市一所学校当厨子，当过农民，开过快餐店，开过烧烤摊，卖过服装，干过建筑工。据杜女士说，所有这些工作中，最辛苦的是当农民。

尽管才 40 岁，活了大概一半的寿命，但她觉得有些人一辈子都没经历过她所感受的辛酸。她解释说，许多年轻人做不了护工的工作，因为过惯了优越生活。相比之下，她那代人更能奋斗，更能吃苦。对她而言，工作中最难的部分，是要照料 80 公斤或还不止的男人，老人跌倒要扣钱，时不时拖欠工资，以及工作枯燥又无聊。她每月挣 2450 元，包括免费食宿，但她一天 24 小时在岗。

杜女士解释说，她之所以选择这份工作而不是别的，是因为它似乎更符合基督教教义。[2] 尽管它又脏又累、薪水又低，她依然愿意做，因为她相信这是上帝想要她做的。她回忆起做过的第一家养老院，那儿要求护工在开始照护工作前，先在院中菜地里干一个月的活儿，种庄稼。干了一天后，杜女士决定辞职：天气太热了，况且她不是进城来种地的。第二家机构太脏、太不卫生，所以她离开了，到现在所在的这家养老院就职。最初，她以为这份工作是陪陪老人，帮忙做饭、做家务，但来了才发现主要是清理大小便和抬运比她体形更大的人。她多次想过辞职，但她不想回老家，让别人以为她干不了这活儿。

在我调查的养老机构的护工中，胡女士、丁女士和杜女士很具有代表性，她们的经历也与对上海和成都护理员的研究报告相仿（Hui, Wenqin, & Yan, 2013; Liang et al., 2018）。我采访或调查的 13 个护工都是从附近的郊区或村庄迁移过来的。这 12 名女性和 1 名男性从 30 岁到 53 岁不等，平均年龄 45 岁。类似地，关于上海一家三级医院的研究报告显示，全女性样本的护工平均年龄为43岁（Hui, Wenqin, & Yan, 2013）。关于成都一家三级医院的报告称，他们的平均年龄为48岁，但男性护工占样本的32%（Liang et al., 2018）。虽然在中国，女性的退休年龄为50～55岁、男性为60岁，但当我问护工他们打算做这一行多久时，大多数人的回答是"干到不能干为止"或"干到他们不要我为止"。

虽然这些研究结果表明，在中国许多城市，典型的护工为中年女性，但机构常常寻求更能胜任该工作体力要求的年轻的男性护工。例如，一家机构对女性护工的年龄限制为50岁，对男性护工的年龄限制为55岁，而且男性的月薪比女性高100元。不过，杜女士指出，年轻护工一般不如年长护工可靠，而且经理和老人们都抱怨这家机构的人员流动率大。对上海护工的调查也显示，高流动率是影响照护质量的一大因素（Hui, Wenqin, & Yan, 2013）。

我也观察过医院和养老院的男性护工，并和他们私下交流过，但正式采访的只有一位。和我遇到的其他很多男性护工一样，48岁的王红已婚。他的妻子也40多岁了，在同一家医院当护工。我是在昆明一家口碑很好的老年医院宽阔的长走廊里采访的王先生。他当时正在嗑开南瓜子，把瓜子仁递给坐在旁边的一位老年男病人。王先生和他的妻子来自昆明郊外的一个采铜区，11年前从侄女那里听闻了这份工作，来到这家医院。他一周工作7天，睡在有三四个病人的病房里的一张折叠床上。好一点的晚上能踏实地睡大约4小时。对他来说,比起身体上的辛苦,这份工作在心理上更难熬。他在这座城市里也做过其他工作,如建筑工,觉得那些比这个更辛苦。他最重要的职责是给病人翻身,防止生褥疮,最辛苦的职责是清理大小便。他解释说,主要是因为有些病人,比如坐在他身边的这位,患有痴呆,当他们不明白他为什么做这些时就不配合了。

尽管有这些难处,王先生对他的工作非常满足:"虽然活儿辛苦,但医生和护士对我们蛮好的。领导对我们也非常好,所以我非常满足。"很难说他这份工作会干多久:"如果身体好的话,就继续干一阵子。"这种毅力是一个好护工最重要的品质之一,他解释说,此外还要"有同情心,心态平和,能吃苦,不怕脏活"。他认为做这份工作是一种孝道,他把病人当作自己的家人。他之所以有这种态度,是因为意识到"每个人都会变老。最起码,他们需要感受到被关心"。

王先生指出,他所在的医院很重视护工,以护理员的质量为傲。我后来与该院护理主任宋欣的交谈,证实了王先生的说法。50多岁的宋主任,是医院在大约10年前从云南西部边陲的一个小城市招来的,为的是振兴当时衰败的医院。宋主任对老年护理业充满热情,不辞辛劳地给护理员开展培训项目,提高医院的照护水平。她认为,机构要想盈利,关键在于提供高质量的照护,而这又需要确保护理员自身开开心心、受到妥善安置。她所在医院的护工的工资要高于平均水平,例如,王先生每月挣3000元,比我采访的其他护工都高。宋主任还提到,医院会尽一切努力解决所有可能干扰工作或增加离职率的私人问题，比如报销护工子女的学费，或雇用护工的家属——就像王先生和他的妻子。

除了工资和工作保障更高，这家医院的护工还拥有额外的培训。王先生说，正因如此，常常有病人家属想雇他们照料在家中或其他机构的亲属。[3] 护工的培训和专业度是这个新兴的有偿照护行业的关注重点。在我调研期间，相关培训还缺乏规范和标准化，所以各家机构制定了自己的培训标准。上述对上海医院的调查结果显示，虽然 98% 的护工都受过培训，但培训期只有 1～2 天（Hui, Wenqin, & Yan, 2013），和我调查的大多数机构差不多。相比之下，王先生称，他所在的那家老年医院的护工会参加 1～3 周的正式在职培训，时间长短取决于个人的学习速度。

宋主任的理念似乎取得了理想的效果。在她到这家医院 10 多年后，原本衰败的小诊所变成了一家广受好评、人满为患的医院。我曾经和一位 85 岁、患有糖尿病导致的行动障碍的男病人交谈过。他聪明和气，是一位"离休干部"（见第 2 章），所以消费得起昆明任何一家养老机构的长期照护服务。他告诉我，他非常满意在这家老年医院接受的照料，想不到还有哪里的养老服务更好了。

虽然宋主任所在的老年医院为如何提升照护质量提供了一个强有力的范本，但还存在一些问题：什么叫优质照护？如何来衡量？探究这些问题不仅会揭露出老年人的一些现实，而且会"聚焦当代的一些权力关系",因为它"彰显了最有价值之人和最无价值之人之间的失衡"(Wilkinson & Kleinman, 2016: 161)。

照护的质量

我和前文介绍过的老年护工杜女士、一位80岁男性老人和这天下午来探望他的妻子坐在桌子旁。妻子带来了一些梨,她熟练地切开分片给我们,我们开心地嘎吱嘎吱啃着。这位丈夫安静地坐着,听妻子讲述令他住进养老院的中风和臀部骨折,偶尔摘下假牙,把梨屑抖进垃圾桶里。这是一家高端养老院,他们负担不起两人都住进来。于是她仍旧住在家里,每周来看望他一次。"以前这里的质量好多了。"她叹息道。我很好奇,就继续追问。我之前从照护人员和其他老人那里也听到过类似的感慨。我问:"什么变了?为什么变了?"但这些问题让大家变得沉默。妻子耸耸肩。最近抱怨好几个月没发工资、考虑要辞职的杜女士也不说话了。两人都不想解释什么变了,最后想打住我的追问,说其实一切"还行吧"。见我一脸茫然,丈夫终于插嘴道:"他们以前有五样不同的菜,现在只有三样了。"这句话打开了话匣子,很快就连邻桌的人也加入到抱怨的行列,从说肉量少了、调味差了到饭煮过头了,五花八门。

这场交流反映了当我想征求关于中国养老院照护质量的诚恳看法时,经常碰到的难处。他们常有一种挥之不去的担忧,怕对话被人偷听或误会。有一位 70 多岁的老人多次拒绝谈论她对于养老院、管理层或照护员质量的看法,终于在 2015 年我回访时同意接受采访。在确认周围没人后,她压低声音说道:"这地方真的差,但别以为就只这里。它代表了整个大环境……当官儿的会找我的麻烦,说:'你为什么对她那样讲?'知道不?"

除了害怕有权有势的外人的报复,照护关系的私密性也让老年人和(护工调查报告显示)照护员处于一种弱势地位。这些因素都造成了探讨照护质量的困难。况且,"照护"和"质量"都是主观、复杂的概念。安娜玛丽·莫尔在关于照护实况的著作中,承认这一根本性的困难:"就是觉得总写照护的好处太乖巧,太安逸(原文如此)。也有坏处该写的,但怎么写呢?在当前的环境下,批判是没必要的。我不会贸然做道德评判。所以我在找而找不到的,是一种书写不符合照护者理想的照护现实的合适口吻。如何在讲述故事的同时,论及那永远紧张稀缺的照护时间,或实在味道不佳的膳食?"(Mol, 2010: 229)可以进一步问,也处于照护关系中的照护工作者又如何?我们如何讲述他们所经受的痛苦、辛酸和暴力(Buch, 2018)?

我的方法论不是指出什么是好的照护、什么是坏的,而是追踪它在日常现实中的轨迹:从食物、言语、身体、衣服和外物表面上查看。玛丽·道格拉斯(Mary Douglas)指出,条理规范的主要作用就是"给原本凌乱的现实套上一个体系"(Douglas, 1966: 4)。在养老机构中,日常照护措施也是起到类似的作用。失序的迹象通常表明缺少关注或未满足照护需求。缺少关注可能导致过剩性紊乱（便桶满溢、房间拥挤、超额支出等）或匮乏性紊乱（食物乏味、热水瓶是空的、设施人手不足等）。在照护机构中，这往往是由于工作人员分身乏术，人人都在争夺其有限的关注力。因此，我认为照护不是一样东西，而是通过关注来激活和传递的能量，我称之为"关注能量"（attentional energy）。和其他形式的能量一样，关注能量也是有限的，依赖于其能源（注意力）。在这一章，我会探讨它是如何体现在具体的照护角色和关系中，以及这种能量是如何分配、传递、受阻和强化的。

管理层：以管理来照护

根据我实地考察的最好养老机构之一——幸福晚年老年公寓员工和老人的说法，该院的成功要归功于良好的管理。一位年近八旬的幸福晚年公寓住户薄叔叔，在即兴带领我参观时，指出了公寓管理良好的证据。初次见到薄叔叔时，他坐在办事处的前厅，高高瘦瘦的身板上穿着蓝条纹睡衣。当我去前台人员处登记，从他身旁经过时，他从报纸上抬起头来，冲我露出牙齿稀疏的友好笑容。他似乎很想聊聊，于是我坐下来，询问他的生活。他问我有没有看出他不是昆明本地人，他其实是北方人。9岁时，他们举家从河南搬到了重庆。他澄清道："我们不是'搬家'。我们是逃荒。"当时国家一片混乱，他家没有粮食吃，也没有衣服穿。他没受过多少教育，但最后结了婚，生了五个女儿。

薄叔叔解释说，他是去年8月做了肠道手术后来到幸福晚年老年公寓的。他不确定我能听懂多少医学词汇，便掀起睡衣给我看从皮肤里露出的一小截肠子，上面连着发黄的造瘘袋。在来幸福晚年老年公寓之前，他住了47天院。虽然这儿的费用比他领的养老金高一些，但他的孩子们帮衬了多余的部分，他对这家机构非常满意。

他详细地描述了膳食的种类：晚餐有六样不同的菜，早餐的菜单也每天都变。他细细介绍了各级照护的不同费用，以及提供的各种各样的活动。然后，他折起报纸，提议带我去看看他说的这些。我们一边走，他一边指给我花园区、活动室、电暖器、禁烟标志和意见箱。我问他有没有往箱子里投过意见，他笑着说没有："如果我有什么意见，就直接跟他们说！"他讲道，有时住户有免费的理发和基本体检服务。我们还聊到这儿的管理多么严格、多么好，他带我走到大厅张贴的一个大布告板前，上面列着该院的规章制度。各级员工的违规和罚款明细表也挂在办公室显眼的地方。他讲道，有一次，有位住户没有被提醒续药，结果用药断了，为此连那些医生都被罚了100元。

管理的责任掌握在院长手中，这也是他照应和关怀整个机构的主要方式。虽然每当管理者慰问住户时，住户会表示感谢，但他们不认为或不强调这点是管理者体恤的标志。相反，管理指标主要体现在规章制度、食物选择和费用项目上。如果"关注能量"集中在前两样上，标志着管理好；而如果太多注意力放在第三样上，往往表明管理不行。例如，在幸福晚年老年公寓，住户们常常抱怨管理者"就是为了赚钱"。同样，家属们虽然一般不会直接批评管理层，但会说"收费这么高"——或者，像一位住户所说的，"吃得这么差，还收费这么高"。

护工：以陪护来照护

照护人员需要提供"陪护"。这种陪护是关系到各种日常需求的。正如前面关于"护工"一部分所示，它是围绕身体、食物和清洁等任务的。本章前面介绍过的基督徒护工杜女士，非常为她照顾老人的用心而自豪。这种用心能从被她照顾之人的皮肤和衣服上看见。例如，她负责的一位老人，80多岁，以前是一名军官。虽然痴呆发展到了不能说话的地步，但他的皮肤很干净、眼睛很有神，身上的藏蓝色西装没有一丝皱褶和污渍。

护工最有限的资源是时间。在玉山老年公寓，时间就是能量交换和关心的主要形式。一位医院护工描述她的工作方法是："老年人怎么做的，我就怎么做。她慢点，我也慢点。"对护工来说，关注能量更高的时间投入，不是体现在加快工作节奏，而是放慢节奏、停顿和停下。例如，准备用餐时，有些护工会飞快地把坐轮椅的老人推回房间，无视他们叫慢点的请求；而有些则会慢慢走，老人想停就停一停。在另一些情况下，它体现在护工愿意多花时间上。我在马阿姨的护工孙芝春身上就看到了这种时间的配给，在用餐期间变得更为紧张。

孙女士是个胖墩墩、大约一米五高的中年女人，头发向后梳成一个紧髻子，不苟言笑。她负责相邻两个房间的老人，四男四女各一间。老人们知道孙女士工作负担重，似乎很少为她粗鲁的举止而感到不快。例如，一次喝下午奶的时候，我看到孙女士叫马阿姨快点喝完，好让她洗碗。马阿姨快速喝光，把碗给她，让她去了厨房。她回来后，马阿姨叫她帮她的热水瓶添点水。孙女士正在打扫房间，叫她等等。扫完地后，她看都没看马阿姨那边一眼就离开了房间。雅典娜·麦克莱恩在美国的养老院发现，"按时标价"导致了重视"身体护理任务，大过关心人本身"（McLean, 2007: 34）。不过，在玉山老年公寓这种低端养老机构，护工还负责打扫房间，使得他们分出来的关注精力更少了。

循环利用的资源

在照护机构中，员工、家属和老人都意识到，照护这种关注能量，是一种"循环利用而潜在稀缺的社会资源"（Buch, 2015: 279）。要让照护能量在照护机构中循环运转起来，需要构建通道。通常是先由管理员或监管员建立起明确的标准，再密切关注任何阻碍或泄漏的迹象。在幸福晚年老年公寓，25岁的副院长解释了该院是如何维持良好运转的："每天，我们会派些人巡视一下，问问老人们'今天的饭菜怎么样？'。他们会说'饭菜怎么怎么样'并且告诉我们，哪些饭菜不好。然后下次巡视时，我们会关注他们的身体外表或者，比方说，热水——这些很简单的东西。"

然而，即便在管理良好的机构，照护需求也很大，照护资源也很有限。如上所述，照护质量是与关注能量多少直接挂钩的。为了最大化利用这一能量，住户们采取了很多技巧，来稍微掌控一下照护质量。第一种是话术。例如，一贯平静而谦逊的张爷爷，这样谈到他和幸福晚年老年公寓护工的关系："在这儿所有的人里，我对护工的态度最好。不是我自吹。我从来不要求护工做任何事。我从来不提要求。我从来没和护工闹过一点矛盾。比方说，他们每天来打扫房间，有时候有些地方没做好。我也不吭声……很多老人不会。他们要这样，要那样。虽然护工不敢拒绝，但不会这么上心地做。"

除了话术，管理层、老人和家属也把自己的精力投注到这个照护体系中，以扩充护工的精力。例如，老年医院的护理主任宋欣，其管理模式基于的理念就是，越是照顾护工，他们的照顾工作就做得越好。这种管理层的照顾体现在给予尊重、工资更高、岗位更稳定，甚至照拂护工的私人生活——如帮助报销子女学费，或者为其家人提供工作或住宿。同样，杜女士这些护工也期望花在照顾老人上的努力，能提高管理层对他们的待遇，发生医患纠纷时监管员能更多地站在他们这边，以及提高他们的工资。家属们也会做些努力来提升老人的照护质量，比如，尽量善待管理层和护工，按时支付费用，以及给护工送些吃的或钱等小礼物。与其他后社会主义国家的习惯一样，这些交际赋予家属们一种代理成就感,以及对亲人当下和未来福祉的掌控感或关联感(Praspaliauskiene, 2016)。

一个工作日的早上,我遇到朱先生和他的妻子来玉山老年公寓探望他的母亲。他们已经退休了,儿女也都独立生活了——一个在上海,另一个在美国。朱先生以前是音乐家,说话温和,爱笑。他有兄弟姐妹四人,对于母亲的养老有不同的意见。母亲在玉山老年公寓住了六年,朱先生觉得这里条件不是很好。他怀疑院长开业就是为了赚钱。他说他和院长谈过,威胁要把母亲搬到其他养老院,但院长告诉他们,他家能付得起的养老院都是一样的。朱先生承认,很难知道这是真是假。在如今的中国,"对于人、商品和话语的质量、真伪和价值的担忧日益严重",这也加剧了评估照护质量的困难。数十年的过往经验,加上新时代的商业营销和未来主义广告,都引发了"对于事物背后有人为操纵的怀疑"(Bregnbaek & Bunkenborg, 2017: 1)。朱先生虽然担心母亲在玉山老年公寓接受的照护质量,但不知如何确保别家会更好。他认为母亲的护工不是故意照顾得不好,只是精力有限。他开始每个月多给母亲的护工一点钱,这似乎让照料有所改善。

大多数住户在养老院的财力有限,因此只能找新的办法来为照护体系尽一份力。最常用的技巧之一是恭维。马阿姨很少谈到她那个坏脾气的护工(上文提到过),但说到她时,总要确保孙女士能听见。有一次,马阿姨的儿子给她带来一包麻辣炸土豆。马阿姨多次想分给孙女士一些,但她拒绝了。我很高兴帮她解决它们，于是我们坐在沙发上传着吃，而孙女士坐在桌子旁看电视，背对着我们。马阿姨主动跟我说："她就像我女儿。她特别勤劳，特别好。她每天早上6点半起床，给我们穿衣服，给我们洗脸，给我们刷牙。她每天都要（给我们）擦屁股。然后'我女儿'弄早饭、洗碗、帮忙喂药……非常辛苦。我愿意跟这些护工一起住，不跟我的孩子一起住，因为护工把我照顾得更好。"

尽管有这些努力，有时候关注能量流还是会被阻断或耗尽。那位勤勤恳恳的基督徒护工杜女士就是如此。杜女士花了很大的心力，来保障住户们得到高质量的照护。她整理床铺、打扫房间，从早餐中省点食物下来作为他们日间的零食。当食堂饭菜的质量开始下降时，她会拿出藏在房间里的食物，加上在附近菜市场买的菜，用一个小电灶烧给大家吃。然而，几周后我再碰见她时，她问起我是否知道有其他养老院招人。她坦言已经两个月没领到工资了。结果，她开始减少为别人烧饭的量，把更多精力放在照顾她带过来一起住的孙女身上。[4]

当我和玉山老年公寓的经理谈起时，他解释说，这种状况是由一系列影响养老院资源运转的复杂因素造成的："每年都要求我们把护工的（月）工资提高约100元。这是政府要求的，但钱从哪里来呢？从老人的费用里。但老人又跟我们说，'你们的费用再涨，我们就付不起了'。……现在这里的护理质量非常低。因为要想提高质量，就得提高费用，但费用没法比现在再高了。这种矛盾使我们没办法提高照护质量。"正如埃拉娜·布赫研究美国家庭陪护体系时指出的，贫穷和不公与照护现实如影随形，往往最需要照护的人是最无力承担费用的人（Buch, 2018）。

小结

讨论中国养老机构有偿照护的质量是很困难的。照护员太忙碌，住户太缄默，我个人的观察仅仅是现状的一些片段，也许代表、也许不代表照护与被照护的现实。但是，照护在这些机构中是无处不在的，既是它们的基础，也是它们的目的。在这一章，我尽力描绘这一无处不在而又难以捉摸的关注能量，它以各种形式和做法体现在不同的老年照护主体身上。虽然是可再生资源，但照护含有的能量多变、难把握，而且需求量大。为最大化利用它，照护员、老人和家属都采用了一些保存性和扩充性策略。用"能量""扩充""受阻"这些概念来描述照护，解释了长期照护的耗散效应，以及不良照护往往是由于关注、情感、经济等资源配置不当或耗尽造成的。

随着照护越发走出家庭、进入公共领域，解放儿媳而雇用护工，社会照护水平在不断努力地提升。在护理领域，护理员正在为欣欣向荣的护工行业开设培训中心。学校则在鼓励学生去养老院和孤儿院提供志愿服务。从自助活动到志愿援助服务，这些种种"在一个充满复杂矛盾和紧张变数的世界中不懈修补"的例子，代表了人类为提高自我和他人生命质量所做的共同努力（Mol, Moser, & Pols, 2010: 14）。

第6章

慢性生存，拖延死亡

> 予恶乎知悦生之非惑邪！予恶乎知恶死之非弱丧而不知归者邪！*
>
> ——《庄子》

下午 2∶30 左右，在玉山老年公寓 8 号楼，护工发完下午奶后不久，一队人陆陆续续进来了。在正门到老人房间的一小片公共区，我和另外四人挤坐在一张长沙发上。老人们都在埋头于钢碗里的热牛奶，大声吸溜着。我则由于无法拒绝左边李奶奶坚持的好意，慢慢咬着一块变味的饼干。起初以为经过的人们是例行探访那个昏暗角落房间里某个卧床不起的病人。但

---

* 大意为："我怎么知道贪恋生存不是迷惑？我怎么知道讨厌死亡不是幼年流落在外，而忘记回归故乡呢？"——译者注

随着抱孩子的年轻母亲、讲电话的商人和穿着炫彩 T 恤的少年们都进入房间,才表明了这不是一次常规探访。一个人在喊叫。坐在我旁边的人们神色如常,追着啃沉到碗底的饼干块和结块牛奶。

几分钟后,访客们出来了,表情有的愤怒,有的不耐烦,有的显得无聊。老人们把空碗送到矮木桌上。一群护工戴上蓝色手套进入了那个角落的房间,其他人则推着金属推车来到公共区,正好停在我们的沙发前。一个护工背着一个大号黑色垃圾袋从房间里出来,后面跟着两个身高不到一米六的护工,拉住松松裹着老人尸体的粉红褪色床单的两个角。他们慢吞吞地挪出房间,把那颤巍巍的"物什"砰地砸在金属推车上,震得空牛奶碗哗哗响。有几位老人面无表情地看着,推车在不平的地面上,在桌子之间磕磕碰碰,把没放稳的"物什"一路粗暴地颠簸着,到达外边等候的面包车上。在之后的静默中,我料想人们对此会有所反应,但听到的只有平常困倦午后的打嗝声和哈欠声。后来我问一位老人,她对那位老人的死有何感想,她回答说:"我羡慕她。"

据《创世记》(Book of Genesis)记载,最初,死亡和衰老是作为对邪恶和道德缺失的惩罚来到人间的,以此将上帝与人类、善与恶分开。几千年来,这一文化意义一直影响着西方的衰老和死亡观念,并继续塑造着当代的生物伦理、健康倡议和全球衰老模式。在社会老年学中,对于"衰老"这个概念是指终生的过程,还是一个单独特殊的生命阶段,存在公认的分歧——这一分歧影响到养老服务政策和资格标准的制定，也受到后者的影响（Grenier, 2012）。在社会层面上，时序年龄是指将生命划分为不同的阶段，与此同时，大众普遍认为，"衰老的自我在理想上是不老的"（Lamb, 2014: 46; Marshall & Katz, 2012）。"健康的"衰老是"积极的""独立的"（World Health Organization, 2016），通过对抗、延缓或防止躯体退化来实现青春长驻（Rowe & Kahn, 1987; Wade, 2016）。

虽然爱生命、求治愈的观念鼓励相信"终生有潜力"的积极态度，但在面对现实中身心衰退和无法治愈的情况时显得很苍白。莎伦·考夫曼在研究美国的医疗机构时，提到临终医疗环境"模糊地带"的特点：不同的衰老和死亡观念或期望在这里交汇，同时疗护手段也在不断变换着（Kaufman, 2005: 273）。所谓的"善终"常常与医学的治愈目的相悖，或因物质、经济或人力资源受限而无法实现。生物伦理学、医学干预和技术进步共同抵御衰老、延迟死亡，但对于能救活却无法治愈、骤然落入生死之间的"灰色地带"的人们，却爱莫能助（Kaufman, 2005: 62; Kaufman, 2015）。

在当代中国城市，这些临终现状问题也在照护领域转型的大背景下逐渐突显出来。人口流动率、城市化、女性就业率和医疗服务水平的提高，大大改变了照护方式（Broad et al., 2013）。生育率的大幅下跌削弱了家庭照护资源，为医疗机构带来巨大的压力（Yeoh & Huang, 2014）。虽然许多国家包括中国才刚刚感受到人口快速老龄化带来的影响，但医疗机构的临终照护已经供不应求了。本就不多的常规性安宁疗护科还设立了门槛，只接纳生命明确快要结束的人。在这种程序下，"临终"变成一种诊断，受到医保规定、当地生物伦理和有限资源的影响。对于既得不到医疗照护又得不到安宁疗护的人来说，生命本身成为病态的，他们发现自己搁浅在一种可谓"慢性生存"（chronic living）的状态中。

和其他慢性疾病一样，慢性生存是指，一种原本良性的症状，扩张到超过主观上太多或者太久的边界，而成为一种病态。生命在勾留，无法驾驭也无法治愈。关注慢性生存，与社会科学界日益关注"病态生存"（morbid living，即带病生存，与"健康生存"相对）的感受和实践是一致的（Wahlberg, 2018: 743）。我这里所说的"慢性生存"一词，不仅指带病生存的不良状态，也指生命本身成为有害状态。虽然这种情况并非当代中国独有，但这里的医疗进步和照护转型速度之快、幅度之大，使其格外显眼。在这一章中，我将探讨临终干预是如何令当今养老院老人的生存和死亡变得更为复杂的。

善终

死亡是生命中为数不多的必然之一。其终结性赋予了生命意义和形态，决定了人生的体验。它是一种无法逃避的命运，但又与生命之自由"确然交织在一起"（Mbembe, 2008: 175）。历史学家们，如菲利普·阿里耶斯（Philippe Aries）在追溯过去社会的死亡和临终应对方法（Aries, 1981）；而心理学家们，如提出"悲伤五阶段"*论的伊丽莎白·库伯勒-罗斯（Elisabeth Kübler-Ross），则在探索当代的死亡经历和临床体验（Kübler-Ross, 1969）。无论是被畏惧、安抚、否认还是承认，死亡在西方文化中被视为一种意义深刻、蕴含救赎之物（Green, 2012）。詹姆斯·格林（James Green）在关于死亡和临终的人类学研究中，把它描述为一种"永久的救赎精神"（Green, 2012: 25），与马歇尔·萨林斯（Marshall Sahlins）在基督教文化中发现的"一种独特的亚当遗产"†类似（Green, 2012: 24）。虽然人类学解释揭示了死亡的相对性，但人们始终认为生与死、肉体与灵魂、过去与未来是分离的（Lock, 2002）。

不过，这些认识论模型不大适用于中国的语境。中国对于死亡和临终的传统观念主要出自早期的儒家和道家经典，不讲究个体救赎或救度的主题。死亡"不是建立在上帝或上帝之死的基础上"，而往往是无意义的、突兀的、荒诞的，由气象一般无情的命运力量主导（Perkins, 2015）。中国死亡哲学也没有西方传统中常见的那种鲜明的生死二元论。相反，它们强调关联性、转化性、平衡性和与自然节律的和谐性。死亡为生存的补充——二者虽有区别，但"不同不代表不和"（Sahlins, 1996: 402）。应该说，死亡是一种无限循环的一半，也是孕育生命的沃土（C.

---

* 即"否认、愤怒、祈求、抑郁、接受"五个阶段。——译者注
† 指肉体死亡。"亚当遗产"有多种含义，包括肉体死亡、原罪、痛苦、性欲挣扎、分娩之痛等。——译者注

Li, 2013; Perkins, 2015; Qin & Xia, 2015; J. Watson, 1988）。

儒、释、道对于死亡和临终的观念复杂交错、相互转化，但是强调了不同的方面。道家思想遵循阴阳原则，将死与生视为山的阴阳两面，不相对立，亦不可分割。在道家的核心典籍《庄子》中，庄子称："孰知死生存亡之一体者，吾与之友矣。"*孔子也认为生与死是紧密相连的，但侧重于现世实际的正当生活。在《论语》中，被问及死亡时，孔子反问道："未知生，焉知死？"由于中国社会的生活以儒家道德为核心，所以中国人鲜少谈论来世或其他形而上的奥秘（Guang, 2013）。不过，即便是儒家思想，也会关注死亡，但是从生者的角度来考虑的，期望人在死后也能保持良好的关系，继续互利互惠（Perkins, 2015）。自3世纪以来，佛教思想在中国颇有影响力，它则通过教导业报和来世解决形而上的问题（Guang, 2013; C. Li, 2013）。

虽然地区、风俗和个人宗教信仰有较大差异，但19世纪至20世纪初全国广泛相似的殡葬仪式表明，上述这些普及的哲学思想产生了一种标准的"中国式死亡"（Whyte, 1988: 289; C. Li, 2013; J. Watson, 1988）。1949年前，大多数中国人在家中去世、举办葬礼，以帮助灵魂脱离躯壳，进入来世（M. Cohen, 1988; Whyte, 1988）。办完葬礼后，鬼魂、牌位和坟墓仍在生者的日常

---

* 出自《庄子·大宗师》，全句为："孰能以无为首，以生为脊，以死为尻，孰知死生存亡之一体者，吾与之友矣。"大意为："谁能把虚无当作头，把生当作上半身，把死当作下半身，明白生与死本质为一体的，便是我的朋友。"
——译者注

生活中留有一席之地，因为死亡并未切断亲缘、互惠、族群和交流的纽带（M. Cohen, 1988）。近年来，由于城市化和政策的压力，鼓励用火葬代替土葬，让繁复的葬礼有了开会般的效率，也把死亡移出了家庭、移入了机构，但是"善终"仍需要遵循上述平衡、和谐、互惠的观念（Ikels, 2004b）。对于生者来说，这意味着参加合规的祭典和仪式，以维持和死者之间的亲缘关系和交流（J. Watson, 1988; Whyte, 1988）。对于死者或濒死之人来说，善终意味着"死得其时"，即个人发展达到巅峰后，在家人的簇拥下离世，这样就留下了一张严密的关系网，即便死亡也无法打破（Hsu, O'Connor, & Lee, 2009）。

我在为期13个月的民族志实地考察中发现，这些"善终"的观念仍存在于当今许多中国老年人和家属的心中。在正式采访和私下的交谈中，无论身处什么样的养老环境，他们对于家庭联系和平衡都有着深切而持久的需要。但是,来自安宁疗护科、养老院等照护机构的研究显示，随着临终被移出家庭、移入机构，获得"善终"的障碍越来越多了，包括家庭不睦、经济困难、疾病伤残等。

当代中国城市的临终现状

张爷爷坐在幸福晚年老年公寓朴素的单人间里，讲述了六年前导致他健康状况恶化，并引发最近员工们对于临终护理指令热议的那个事件："就在吃过晚饭我帮（我妻子）使用便盆的时候，她突然瘫倒在床上。我大声呼救，护士和医生们冲进来抢救她。做心肺复苏的医生问我：'要我救她吗？'当时我的脑子嗡嗡地转。我想的是：到这个地步了，救她也没用了。但我怎么回医生？我说：'救她！'他立马把她送到重症监护室，给她连上呼吸器和其他设备。为什么我想'不要救她'又叫医生'救她'呢？我知道救她没有用，但如果我不救她，如果我不说'救她！'，她就死了。我的孩子，我的儿女们不会理解我的选择。他们理解不了。他们只会叫：'你为什么不救妈？！'对吧？我怎么跟他们解释？"

张爷爷的老伴虽然当时被救活了，但再也没有恢复意识，几天后就去世了。如今年届九十、入住养老院的张爷爷，已经向家人和工作人员明确表示过，他不想被"救活"过来："我已经和我女儿、工作人员，还有医生讲过了。要是我再生病，最好他们不要说，'快！送他去医院！'如果住院，我根本就付不起15天10万元的费用……我90岁了，生命基本到头啦。"

在关于美国医疗机构的研究中，莎伦·考夫曼这样谈及现代死亡的理想和现实的差距：

> 大众对于"死亡进程"最普遍的理解是，先有一个较长的稳定期，然后是一个短暂的生理衰退期。这种顺序通常符合癌症的状况，但其实不符合大多数疾病的临终状况。更常见的情况是一段漫长的残障期，时不时出现急性症状加重，有的伴有明显衰退，有的则没有。患者、家属，有

时连医生都认为，只要治疗得当，患者就能熬过每次的病情恶化，而他们确实常常能熬过许多急性发作或复发。因此，当死亡最终到来时，会显得很"突然"。

（Kaufman, 2005: 33）

在中国，在重塑城市人的衰老和死亡经历方面，养老机构扮演着越来越重要的角色。虽然在不同的全国性调查报告中，家庭死亡率和机构死亡率有较大差别，但这些报告都显示，城市居住率、受教育水平、社会地位与机构死亡率呈显著的正相关（Jing & Yuan, 2016）。在发达国家，虽然这种趋势相反，但遵循的原则是一样的——拥有更好资源的人在其认为能获得最佳临终照护的地方过世（Gu, Liu, Vlosky, & Li, 2007）。在中国，机构养老的需求也随着保险覆盖率、专业医疗服务和政府压力的提高而提高。例如，2014年，民政部发布新的临终法案，要求在家死亡也要签署死亡证明，这使得一些家属将临终的亲人送往医院，以免去文书之烦扰（Jing & Yuan, 2016）。

虽然机构的临终照护服务需求明显提高了，但对于谁应该、谁能够提供或接受服务并不明确。中国公立的临终关怀和安宁疗护机构还处于比较早期的发展阶段。第一家安宁疗护机构于1988年开业，截至2011年，中国大陆约有200家安宁疗护和临终关怀机构，只满足了大约1%有安宁疗护需求的人口（J. Li, Davis, & Garnier, 2011: 292）。由于缺乏国家级组织，这些机构的制度和资金都不稳定，而且主要分布于大城市。这种不平衡导致了执业群体中迥异的差别待遇，以至一位当地的安宁疗护医生，也是该领域的先驱，告诉我，形势就像"帮派混战"。关于安宁疗护的目标、范围、提供者，乃至合适的名称，从政策、培训到实施等各个层面上都存在明显的分歧（O'Connor, Poon, & Hsu, 2015）。

尽管有这些分歧，寻求临终照护的病人和家属对临终关怀和安宁疗护机构的呼声还是很高的。我的受访者普遍对亲属在这些机构中得到的照护表示非常满意。与其他医院的病房相比，安宁疗护病房往往不那么拥挤，而且放宽了住院医保限制。此外，临终关怀和安宁疗护科是为数不多常规使用吗啡的科室，以控制病痛为最优先考虑（Gao, 2012）。不过，要想获得这些服务，首先需要确定病人确实濒临死亡——这一步因当地的生命伦理、家属决议和避免公开谈死的忌讳，而变得更为复杂。

从上面张爷爷的叙述中，我们可以看到，面对突发性病情恶化，家属决定和有限的医疗技术使得临终选择变得复杂起来。张爷爷并不是个例。对中国多个省份 315 位重症监护医生的调查问卷数据显示，只有 47% 的医生说执行过"不做心肺复苏"的指令，而欧洲和香港的这一医生比例为 95%；而且 70% 以上的医生称，在与病人家属讨论减少维持生命手段时会感到不适（Weng et al., 2011）。这一点很重要，因为根据中国的生命伦理，医生先与家属谈论病情，再把诊断结果告知病人。虽然关于知情同意的政策在变化，但惯例上医生会遵从家属的要求，向病人隐瞒死亡预判，因为家属担心谈论死亡会令它提前到来（Bian,

2015; Fan & Li, 2004; O'Connor, Poon, & Hsu, 2015）。

且不说忌讳谈死是否真的会延缓它，但无疑妨碍了临终程序。正如巴尼·格拉泽（Barney Glaser）和安塞尔姆·斯特劳斯（Anselm Strauss）在其重要著作《临终之际》（*Time for Dying*，1968）中指出的，一个人须被承认将死，才能按将死来对待。在照护机构中，必须先"指明和预判"死亡，才能开始临终程序（Kaufman, 2005: 201）。老年患者的死亡时机尤其复杂。随着新医疗技术延长了寿命，普通老年疾病的轨迹变得越发难以预测。在中国的照护机构中也是如此。绝大多数安宁疗护病房位于肿瘤科，由于相对可预估的时间线，癌症几乎等同于死亡（Dong et al., 2016）。然而，正如以下我和一位 30 岁安宁疗护医生的谈话所示，即便在这些科室，优质的照护也能延长生命。

> 明医生：以前我们有一个中风病人，完全无法自理。从那以后，他——可以说他活得相当痛苦。家属要求（我们）停止一切治疗，包括喂食管。所以病人最后，说实话，就饿死了。
>
> 我：饿死了？
>
> 明医生：我们也不想让这种情况发生，但他家属说，"如果你们想继续喂他，就带回你们家去吧"。他们就这么对我们说的。我们的护士和护工不忍心这样，偷偷地喂他。他家属很牛气，说我们这样做，到头来只是增加他的痛苦。

由于这些复杂的机构程序，虽然许多中国老年人虚弱、衰退且不能自理，但除非有诊断的死亡日期或可预测的病程，很少会被当作"临终"来对待。有些人像张爷爷的妻子一样，在重症监护病房突然死去。还有许多人，超过住院期限但未达到临终关怀标准的，就在没有安宁疗护设施的长期照护机构中度过余生。在这些机构中，死亡时刻潜伏着，却少有人被当作"临终"来对待。在这个由"半生半死"的人们开辟和归属的脆弱而模糊的空间中，许多人竭力维持着善终所需要的家庭和社会平衡。就如一位养老院老人所说的："对于那些既活不了、又死不了的人来说，生命是极其痛苦的。"

慢性生存

《盖尔医学百科全书》（*Gale Encyclopedia of Medicine*）对"慢性"的释义为："持续时间长，而进展缓慢。慢性疾病是随着时间缓慢发展，不会终结的疾病。症状可能是持续性或间歇性的，但患者通常拥有生命体征。"我最亲近的玉山老年公寓受访者之一万龙就很理解这类消极预后往往会带来的无助感和绝望感。62 岁的他是位相对年轻的住户，总是一遍遍讲述导致他变成现在这般的经历，来打发漫长的下午时光。

他的病是从何时开始的？脑海里最先浮现的是中风的那一天，14 年前，他 48 岁的时候。但梳理了层层记忆后，他将症状推至更久之前。他母亲也得过中风，在她 70 多岁的时候。后来在两个儿子的照料下，母亲幸福地住在家里，直至89岁去世。那么是在他妻子离开他和他们一岁女儿的时候？但不对啊——即便在那之后，他仍然活得很好，仍然很健康，仍在工作。他在20世纪80年代中国经济繁荣之初投身建筑业。财源滚滚。他强壮、能干、聪明，什么事情看过一遍就会做。他父亲是军人，母亲是党员。如今不同了。他得照顾女儿，给予她一切——可能给得太多了，他现在一边承认，一边摇头。钱是挣了不少，但他是在私有化改革早期工作的——没有养老金，没有保险，也没有保障。他在母亲中风后照顾她，但他不觉得这是负担："这是我应该做的。我是她儿子，对吧？我不做谁做？"他女儿很聪明，但还不成熟。他又把自己拉回眼下的处境，摇摇头，用一块污迹斑斑的手帕揩拭不断从松弛的嘴角流出的口水。不是她的错。他不怪她。

"对，对，算了，算了吧，"另一位住客萧阿姨在后面刺咔刺咔地鼓捣了几分钟轮椅，挪近了些，安慰万叔叔道，"别怪她，怪……社会——"

"怪这病！"

连万叔叔也被自己的怒气爆发惊到了。他很少喊叫和抱怨，总是静静地坐在阴影处，在破轮椅上打盹。他静静地埋在臭烘烘、不换洗的衣服里，从不大呼小叫；即使需要上厕所，而被当作临时马桶的塑料桶已经满了，也是如此。有一次，当主管在狭窄的过道上开货车送物资时，撞歪了万叔叔的轮椅。万叔叔一言不发，只瞪着眼哼了哼，直到一位老人来帮他扶正轮椅。他每天上午和下午会在院子里溜达一圈，右手臂像虫子腿一样蜷缩着，拖着的脚跟着金属拐杖撑一下，蹭一步。

在我探视期间，他一讲到通宵打麻将和外国旅行就容光焕发，但话题转回当下处境时就无话可说了："没什么变化。""什么也做不了。""这病会跟到我死。"他承认激励自己变得非常困难，尤其现在他的头痛加重了。

情况也不总是这么糟糕。第一家养老院还行，但有一天他女儿来了，告诉他得搬走。费用太高了。由于改建，他们家的房子没了，钱也没了。她收拾好他仅有的几样东西，然后他们驱车离开。他告诉我："我还以为我们要回家了！"而今他嘲笑自己的天真，这引发了剧烈的喷嚏、咳嗽和气喘吁吁。待平复呼吸后，他擦了擦嘴，继续讲述。他已经两年没见到过女儿了。不过，他理解。有一天，女儿对他说："爸，你中风的时候，住院费要10多万。我能怎么办？"她把他丢在玉山老年公寓，然后消失了。

女儿停付费用后，管理人员把他从一楼搬到了三楼的房间。这家公寓没有电梯和坡道，所以每天早上护工会把他的轮椅和90公斤重的身体搬下楼，每天晚上再把他拉扯上去。当他发现向管理员报告摔倒没用时，便不再报告。一天，来到玉山老年公寓时，我看到他额头缠着绷带。他打盹时从轮椅上冲了出去，头磕在了水泥地上。"我觉得死了倒好得多，但是由不得我。"他解释道。工作人员虽然几周都没给他修补轮椅的漏胎，但带他去看了医生，修补了脑门。

万叔叔的故事是慢性生存的一个极端例子。和其他慢性疾病一样，他没有明确的病因，但所有迹象都表明无法指望会缓解或好转。就像后来加入我们谈话的住户萧阿姨解释的："你什么也做不了，什么也做不了，什么也做不了啊。就是这个样子。这个样子才到这个地方，你只能服从这个样子。什么也做不了啊。"

作为人体状态的一种基本组成部分，痛苦存在于整个生命过程中。不过，晚年生理、认知、心理和社会需求的缺失，是许多老年人感到痛苦的深层根源（Attig, 2015）。在万叔叔的例子中，他的个体缺失因所处的社会和历史大环境而加剧了。他衰退的肉体无奈地被困在一个"像海浪冲刷岸边沉船一样，不断围困和打击主体意识"的世界中（Merleau-Ponty, 1945/1962: 241）。这些"海浪"包括私有化和医疗保健成本的提高，延长寿命技术的进步，家庭模式的改变，以及风险的日益个体化（Y. Yan, 2009）。这些宏观因素造成的扰乱，使得他的临终经历，无论是患病还是治疗，都痛苦到病态的程度（Cassell, 1991）。

虽然痛苦的主观性使之难以度量，但研究显示，养老院老人比社区老人报告的疼痛程度更高（Abdulla et al., 2013）。然而，治疗疼痛的典型手段，如阿片类和抗抑郁剂等辅助药物，在中国医院受到严格监管，在养老院则基本没有（D. Wang, 2004）。*

---

* 2017年，我国卫生计生委出台《关于安宁疗护中心的基本标准和管理规范（试行）的通知》《关于印发安宁疗护实践指南（试行）的通知》两份文件，开始对安宁疗护中心的建设做出制度和管理上的标准化规范。其中关于疼痛护理的药物治疗，也认可便用阿片类和镇痛药物。但要求较严格，须对患者疼痛状况进行评估鉴别、分类管理、连续监测，并及时调整药物种类和剂量。 ——译者注

没有缓解的希望，对许多老人而言，生命等同于痛苦。"现在人人都说，活得越久，痛苦得越久。"一位80多岁的老人说。她还比较健康，但目睹了周围人的苟延残喘，包括她的丈夫——痴呆在迅速恶化。"我不怕死，"她告诉我，"我只怕死不了。"

然而，中国这种慢性生存的情况，之所以与无疾而终不同，不仅仅是因为疼痛不治。疼痛是一种深层次紊乱的表现。按照中医理论来说，病症源于能量的失调或失衡。在正常平衡的情况下，即便残疾、依赖、疼痛和死亡都是生命流动的一部分。比如，万叔叔的母亲也曾中风衰弱，但据他所说，她过着积极的晚年生活，安详过世。万叔叔和他母亲情况的不同，在于他遭受了一系列的家庭破碎，家庭安全网由此瓦解。这种深层次的关系失调，导致了他慢性生活的病态痛苦。

家庭关系对于中国人心灵的重要性，是不可估量的。正如第1章所说，"孝"字是"老"字在"子"字之上。虽然可以有多种解读，但这两部分显然是处于一种平衡关系的。如果上方太重，或下方太弱，结构就会垮塌。而这正越来越成为当代中国养老的新形象——"倒金字塔式"，"婴儿潮一代"的老年人在上，数十年延续下来的独生子女现象令底部越来越薄弱。

这一失衡是由于宏观社会因素和人际关系的改变共同造成的，成为中国养老讨论的一个关键问题。许多讨论关注的是失衡给年轻一代带来的负担，而很少注意到它给年长一代带来的迷惘。玉山老年公寓一位80多岁的老人说"生命没有意义"时，引起了许多同辈的共鸣。随着生育率下降，老年人，尤其是老年女性，越来越难对家庭经济有非正式的劳动贡献。随着中国经济的发展，成年子女也越来越不再对父母有正式的经济依赖，这进一步削弱了老年人的目标感。这些因素也导致了多代同堂观念的转变。转变不仅发生在年轻人身上，大多数受访老人，无论是住在家里还是养老院的，都说不愿意和成年子女住在一起。一位70多岁住在医院的老人曾说："我们老人家习惯的吃的和生活方式，和年轻人（习惯的）不同。很难协调起来。想法上也有代沟。"

虽然越来越少的家庭采取多代同居的方式，但家庭纽带是不变的。对于经受慢性生存的人来说，是孝道的履行和缺失共同造就了他们的处境。例如，万叔叔如今受苦，是因为他的女儿停止支付照护费和不来探望他，但她多年来所付的数万元医护费用也在很大程度上奠定了他现在的条件。患有残障疾病，甚至未患病的老人，在不断上涨的医疗和照护费用下，发现他们只会需要别人，而不再被需要。就像一位80多岁的养老院老人所解释的："如果我现在可以死，倒是一种解脱。没有遗憾。因为现在一代比一代好了。看到他们有好生活、好工作，蛮好的。我不担心了。"

虽然在我采访的老人中，很少是违背自己的意愿住进养老院的，但对于许多人来说，当在物理空间上与家人分离时，想要维持健康的关系——区分了死亡和美好生活——是非常困难的。即使搬入养老院的决定，是出于对家人的爱而主动做出的，但确实"人类所有痛苦中最严重的，在于关系破裂，与赋予我们生命积极意义的人和事物失去联系"（Wilkinson & Kleinman, 2016: 9）。张爷爷便是如此。虽然他喜欢关注时事，身体上只有轻微的疼痛，但常常谈到与家人分离的痛苦："在这（养老院）里，我最愁什么？只有一样：家人不在。对于我这样的、脑子还没糊涂的人来说，最缺的是家人。比如，礼拜六、礼拜天，孩子、孙子、曾孙们都来看你。但他们只待半个来钟头，就走了……我从来不叫他们来。我从来不提这种要求。但在我心里，最缺的就是家人。"

虽然张爷爷每顿饭都和数百名老人和护工一起吃，但在情感上是孤立的。前文说过，他相当聪明，担心与其他老人接触太多会让大脑变得迟钝。对于张爷爷和其他养老院的老人来说，与家人的物理分隔削弱了他们与外界社会的联系。对于个体而言，这些人际关系和社会联系构成了自我，它们的消失等同于社会性死亡（Kipni, 1997）。尽管每周的探访弥补了情感需求，但不足以成为维持个体在社会中的地位所必需的强交互关系。当张爷爷与外界的联系弱化和消失时，慢性生存就变成了慢性死亡。他知道会在养老院度过余生，但那是几天还是几年，没人能说得清。"所以我现在在这里，像我经常说的，就是等，"他解释道，"等什么？等死。"对于慢性生存或慢性死亡痛苦无奈的状况，许多养老院的老人都认命了，不过是急切地盼望那个解药："死快点来吧！现在纯粹是折磨——死了更好啊。"

拖延死亡

从我与老人子女们的交谈中得知,他们决定把父母送进养老院,一个主要原因是在养老院更安全。子女们的意思,一方面是防止他们意外摔倒或突然发病,另一方面是防止他们自我伤害。很多研究发现,中国老年人的自杀率很高,是美国老人的两倍以上(44%:18%)(C. Wang et al., 2014)。老年人的自杀动机有贫困、家庭矛盾、重大疾病等,农村女性的风险尤其高(W. Fei, 2011)。养老院的老人虽然有类似的自残动机,但缺少手段。房间的窗户上装有栅栏,安眠药上了锁。老人们时刻受到监控。这种失控感加剧了慢性生存、无药可救的状况,压在许多受访者的心头。不止一次,有老人问我能否买来安眠药,偷偷捎进养老院。自杀和安乐死是寻常的话题。例如,一天下午,当我正要离开玉山老年公寓时,半路上和马阿姨聊了聊,她正感到特别抑郁。"活着毫无意义。"她叹息道。我问她是不是哪里疼。她说不疼,但是"哪里都不舒服"。她没有精力了,只希望能死:"要是有安乐死就好多了,只要打一针就完了。"她年轻的时候觉得活着有意义,但现在什么也做不了了。我努力告诉她,她给我的研究带来了多大的帮助,但她不为所动。她望向外面杂草丛生的庭院,哭道:"我希望池塘里的水再深点,我就能淹死在里面了。"

在对日本器官捐献的研究中,玛格丽特·洛克提到一种在生物医学上判定的"新死亡",它是可预估时间、可应对的(Lock,

2002: 103）。我调查的大多数老年人虽然也接受过生物医学干预，但和洛克研究的昏迷患者不同，他们在等候死亡时通常是被排除在生物医学领域之外的，不适于治疗或抢救手术。正如马阿姨的故事所示，他们面临的"新死亡"是完全无法应对的。

马阿姨、张爷爷和万叔叔都经历了从以前的社会角色和关系中剥离出来的剧烈痛苦，也是其他慢性疾病常见的"人际社会煎熬"（Kleinman & Hall-Clifford, 2010: 250）。在马阿姨和万叔叔的例子中，煎熬源于在一个以经济为主导的社会中，受困于无法生产、只会消耗的身体——在一个高度重视速度和效率的时代活得太久、死得太慢了。至于张爷爷，早在脱离控制的肉体消亡之前，他就经历了社会性死亡（Biehl, 2005; Lock, 2002）。

就连还比较健康的老人，也担心成为"往后身体越来越多余"的人（L. Cohen, 1998: 302）。一位87岁、仍住在自己家里的受访者曾向我坦白："我就想快点走。我不想活在痛苦和煎熬中。这种想法不像宗教信仰那样的。宗教教你活在这辈子，想想下辈子。我只想快点死！哈哈！突然死掉是最好的，但那样不行。对于关心你的人，那样不行啊。"老人们想通过死亡，不仅让自己，也让亲爱的人从慢性生存的负担中解脱。

从前是教师的华奶奶，和丈夫住在幸福晚年老年公寓。她年近九十，但脸庞依然圆润，眼睛依然明亮。她热心、爱交际，为养老院的唱诗班弹钢琴和编写主题曲。虽然很高兴为别人带来快乐，但她承认自己"很疲倦"。过去一年里，她丈夫的痴呆发展得很快，她大部分时间都花在照看他上。对于自己的未来，她唯一希望的是可以快点走——让儿女们接到的电话是，"你妈已经走了"。她不想在医院里逗留，经历拖延死亡带来的一切。她不想从死里被救活，华奶奶告诉我。她只想痛的时候，有人握住她的手就好。

认命："没办法"

面对无解的处境，老人们最通常的反应是认命。事实上，照护行业的所有人士都常常表现出认命感。"没办法"这句口头禅，意思是"无能为力"或"别无选择"。比如，当我问护工是否觉得工作单调，或老人是否在养老院住得习惯时，他们就常常回答"没办法"。当老人为既无法向前进入死亡，也无法向后退回健康生活而感到沮丧时，也会用这句话来形容处境。一位老人把整个养老院生活总结为只是"没办法的办法"，就是没有其他路可走。

安娜·洛拉-温赖特（Anna Lora-Wainwright）在《抗议派的屈服》（*Resigned Activism*）一书中表示，"没办法"也是她的受访者们对于污染最普遍的回应。她认为这是受访者"表达自己无力感的方式"和"安慰自己能力有限的方式"（Lora-Wainwright, 2017: xxvii）。这句话在养老院起到的作用类似。虽然张爷爷告诉我，"活着是一件非常无聊的事情"——从 22 年的强制劳改到晚年的依赖生活，他人生中的许多事都是如此——但是他无力去掌控或改变它。

小结

不是所有老人都在"慢性生存"中煎熬。一些人从其他老人和护工的陪伴中获得许多快乐，或者忙于游戏、手工和音乐。另一些则从关于天堂或轮回的宗教信仰中找到了安慰。就连那些确实挣扎在生死之间的人，也有过快乐、兴奋和欢笑的时刻。真的，让我感到吃惊的是，那位常常看似绝望透顶的马阿姨，有一次叫道："这生活多有趣啊！我们还在不断地学习。"本章的目的不在于描绘一幅受难图，而是展现困于变化涡流中的人们的生活全貌（Kleinman, 2010）。我分享他们的故事，不是为了博取同情，而是出于"对重大不幸、重大丑暗和重大失败的尊重"（Nietzsche, 1892/1954: 378）。

通过本章的叙述，我们可以感受到种种经济、技术和个人的欲望之流，滚滚地向前和向外涌动，每一条都想要扩张。新的可能性在兴起，新的生活形式在实现。如今，一大部分中国人口可以为工作或娱乐而自由流动，成年子女可以买得起自己的房子，而病人可以从过去的不治之症中康复。然而，这片繁荣也有黑暗的一面。人口结构的变化导致家庭模式改变，而寿命的延长、慢性疾病的增多导致了临终期延长。许多幸免于死亡但未免于残疾或依附的人处于经济困顿中，只能选择一些管理不善的照护机构来度过余生。结果，越来越多老年人的临终期不再是在家人的陪伴下度过的。脱离这些赋予意义、构成自我的核心源泉，他们早在生理性死亡之前就已经社会性死亡了。

  在医护工作者、政策制定者、老年人和家属们寻找新的、更好的延长生命办法的同时，我们也必须拓宽"善终"的概念和可能。先认识和辨别"慢性生存"，才能将它从"模糊地带"中剥离出来，带入关于生命质量评估和临终关怀的严肃讨论中。对于中国老年人来说，尤其要对社会孤立给他们造成的临终期痛苦予以更多重视。维持有意义的社交关系对于提高生活质量大有帮助，特别是对于养老机构的老年人。与我交谈过的许多老人都坚持认为，中国应该对求死权政策有更多公开的讨论，在报告养老机构投资和维持生命技术进展的同时，也必须对痛苦和死亡加以探讨。为了我们现在的老人和未来的自己着想，我们在追求生命创造力的同时，也必须同样勇敢地探究衰老、临终和死亡。

结 语

> 故自由在牵绊的矛盾中挣扎,而未能意识到,若没有这些根来扎入世界,便毫无自由可言了。
>
> ——莫里斯·梅洛-庞蒂,《知觉现象学》

在我提不起精神奔赴养老机构,或爬上三层楼的安宁疗护病房的那些日子,就窝在家看一部叫作《老有所依》的中国电视剧。部分故事梗概是这样的:"江木兰和吕希是夫妻,在北京工作,上有老下有小。因为两人都是第一代独生子女,赡养老人的担子比较重"(Baidu, 2017)。该剧上映于 2013 年,以典型的中式戏剧风格描绘了中国当代的养老现状:满是突如其来、无意义的悲剧,泪眼婆婆的家庭背叛和团圆,不得报应的坏人和死去的好人。在第一集中,江木兰在父亲被汽车撞伤后,赶去照顾他,从而影响了工作,还危及她年纪更大、处于老年痴呆早期的爷爷。在后面的剧集中，吕希的父亲骤然去世，他被迫要去照顾因中风而瘫痪的母亲。从那以后，每况愈下。该剧探讨了中国现代城市衰老、照护、多代同居的种种难题。在忙碌、繁华的北京，老年角色们不断经历着迷失、惶惑、受骗、受虐。而最终的悲剧是，照顾老人的考验几乎毁掉了江木兰夫妇的婚姻。最后一幕是木兰父亲的养老院举办生日宴会，席间夫妻二人最终和好，网上的剧情简述为："江木兰和吕希重新开始，一家人高高兴兴团聚"（Baidu, 2017）。本书也探究了《老有所依》提出的那个问题：老年人在当代中国社会扮演着怎样的角色？在一个追求速度、进步、成长、扩张和发展的环境下，老年人、依附者、迟缓者、退化者似乎没有立足之地，只是负担和妨碍（H. Yan, 2008）。和江木兰夫妇的父母一样，当代中国的老年人对自身构成了潜在的威胁，更糟的是，他们对子女的工作和生活也构成了潜在的威胁，因为投入照顾他们的精力使得子女没办法做自己。

然而，我在全书的论点之一是，养老状况之所以被描述得如此凄惨，是因为这些问题常常是从子辈的角度片面地提出和回答的。例如，《老有所依》虽然讲述了老年人的困境，但是在子女现有生活的框架中讲述的。这个角度是把年轻夫妻的生活作为稳定的参照点，它安然地立于广大的社会中，而老人的生活则是威胁家庭和谐的混乱源。许多当代中国的养老讨论都是这种导向，使得人们认为老年人是一种威胁这个正在崛起的国家的稳定和发展的外力，一种所谓的"银发海啸"（L. Zhang, 2015a）。

改变与失衡

把老年人视为一股乱序之力是很令人震惊的,因为他们为国家贡献了一辈子。正如在第 2 章华奶奶所述,以其所处的历史环境来说,如今的老一辈"真的可怜"。他们牺牲了身体和抱负,承受牢狱之灾,躲避炸弹袭击,参军入伍,遭遇饥荒,大半辈子的劳动只挣到一点小钱。作为为国家建设奉献和牺牲的回报,国家对他们许以终生的支持。对于一些人,尤其像蒋春玉的父亲这种退休干部,国家是履行了承诺,让他们享受到优渥的医护服务和经济支持;对于其他人,虽然国家也承诺他们会获得平等的回报,但收入差距在不断扩大。尽管社会保障和医疗保险改革有助于缓解转型问题,但老年人无力承担市场经济体制下的高养老成本。于是,越来越多的人只能依赖越来越小的家庭经济和照护支持。

虽然家庭支持在过去是理所当然的,但现在许多家庭已不是如此。我通过整本书展示了社会经济压力和人口结构变迁是如何打破亲子互惠交换通道的。在新中国成立前,费孝通就指出:"如果社会变化得慢,家长式作风盛行;如果社会变化得快,则出现另一种情况,像俗话说的'父不父,子不子'。因此,当变化快时,父上子下的家长式权力便消失了。"(X.Fei, 1948/1992: 97)这一点在如今的形势下依然适用。我按照第 1 章的论点,从老一辈的角度来看待这一权力失衡,他们虽然缺少相应的经济或社会资本,但非常努力地维持着作为父辈的地位。

变化速度导致的失衡，也体现在养老机构中。在第 3 章，我展示了节奏与规矩是如何被用来整顿和理解乱糟糟的养老院生活的，就像唐叔叔和手表的例子所示。然而，老年人时间过剩与照护者时间不足的失衡，也是一个矛盾的来源，从第 5 章马阿姨和护工孙女士的例子中就可以看出。虽然养老院的老人参与互惠关系的能力下降了，但仍有办法达成平衡，通常是调整自己的欲望和期望。尽管他们已经厌倦了变化，但无法摆脱它。正如第 2 章末尾华奶奶所说的："不改变，又能怎么办？我们改变不了这个世界，只能改变我们自己。"

老年主体意识

不同于大众观念的是，老年人也在进步和追赶，在成长和发展。我写作本书的主要目的之一，就是展现老年人的丰富经历、多重身份和持续成长。在第 1 章和第 5 章，我说明了老年人并非被动地接受，而是主动参与维护亲子关系的平衡与和谐。出于对养老负担的理解和对子女的爱，许多父母放弃了对孩子未来担起赡养责任的所有期望。在第 2 章，我探讨了这些变化的期望和欲望是如何产生新的老年主体意识，使得老人在家庭范畴以外的角色中找到意义的。老年大学和老年公寓给老年人提供了在一个同龄人的社会环境下，提高身心素质、发展个人兴趣的机会。这与年轻一辈个体化加强、横向关系加强的趋势相一致（Y.Yan, 2009）。在第 3 章，我分析了为什么这些新的老年主体意识是养老空间新构想的产物和源泉。一些机构，比如幸福晚年老年公寓，提供慰藉、娱乐和高质量照护，是老年人避免代际冲突、与志趣和习惯相投的同龄人共度晚年的解放空间。

道德危机？

然而，强调个体边界的拓展，对于老年群体也有消极的一面。安德鲁·基普尼斯指出，"个体的解放，也令其受制于广大的社会力量"（Kipnis, 2012: 7）。这种情况从第6章万叔叔的故事中可以看出，"下海"[1]之后，他被大病、医疗负债和个人化照护等一系列因素压垮了。被医疗技术救活后，他如今被关在一家养老院里，无法逃脱。他和其他遭受慢性生存的老人们一起，处于一种可以自由地活着但无法自由地死去的不适状态。

这些个体故事，为当代中国一种道德危机的热烈讨论提供了有益的视度。学者们认为，集体的崩塌和个体的崛起导致了社会信任的广泛瓦解（Ci, 2014）。随着社群的缩小，守护家和家人的人变成了不受信任的外人，如保姆和护工。但与此同时，集体的崩塌也有很大的平衡力量。阎云翔指出，夫妻关系和同辈人的关系更加紧密，横向关系加强，而纵向关系减弱。这削弱了传统中处于等级制顶部的人，如长辈的权力，但也加强了原本位于底部的人，如女性和年轻人的权力（Y. Yan, 2011）。

为解释现代中国生活的双重性，及其对个人的矛盾影响，凯博文采用了黄永玉"睁一只眼闭一只眼的猫头鹰"的意象

（Kleinman, 2011）。该画创作于1973年，即"文革"时期，描绘了一只圆乎乎的灰色猫头鹰独自立在树枝上，一只黄眼睛睁得大大的，另一只闭得紧紧的。人们对猫头鹰睁一只眼闭一只眼的原意不清楚。黄永玉称，他听说猫头鹰就是这样睡觉的，但大多数人认为该画是讽喻当官的对腐败睁一只眼，闭一只眼。

在当今这个过度连接的世界，"睁一只眼闭一只眼"有了另一层含义，表示"在安息时也有必要的警觉"（Kleinman, 2011: 285）。根据凯博文等人的说法，睁着的一只眼朝向现代的生活和活动需求，而闭着的一只眼朝向内部的情感和关怀需求。这种外部和内部力量之间"无法缓和或调和"的矛盾，在中国养老机构中比比皆是（Kleinman et al., 2011: 24）。在养老院中，这一矛盾在于，老人们所说的永远不够多的探望，与成年子女多到没法照顾老人的忙碌。对于现代公民，尤其是中国城市地区的人来说，变化的速度和未来的不确定性使得闭上双眼是困难的，甚至是危险的。如果松懈时出了岔子怎么办？这不仅是现代的状况，也是当今老人经历了一辈子的状况。李奶奶的情况便是如此，她早年要躲避炸弹和挨打，晚年要努力寻找可医保报销的医院和乘上拥挤的公交车。就连住养老院的张爷爷和马阿姨，被关在上锁的大门内，有24小时的监护，也对潜在的风险保持着警惕。

如果两眼都睁开，看清楚状况，是有很多好处的。在描述照护工作和照护机构时，我力图呈现出好的一面和坏的一面，这两方面终究是主观的、不可分割的。然而，正如在第6章阐述慢性生存时所述，比起睁眼，或许更需要的是闭眼。在忙乱的日常生活节奏下，我们最渴望的是一种深度休息状态，可以抽离、解脱、冥想或祈祷、平寂、释然，以及死去。但要想教人闭上双眼，必须得到稳定的安全感——这来自真正的信任和关心，是空巢所无法提供的。

不过，将睁一只眼闭一只眼看作有待解决的矛盾，反映了我的二元思维定式：要么睁，要么闭，选一个才罢休。它反映了一种种族中心主义，我必须承认，这是人类中心主义的成见。事实上，黄永玉对猫头鹰的看法是准确的。猫头鹰与许多其他鸟（以及水生哺乳动物和爬行动物），睡觉时确实是睁一只眼闭一只眼，学术名词叫"单半球慢波睡眠"，而且研究人员表示，它"与一般情况下整个大脑要么睡眠、要么清醒的互斥状态相反"（Rattenborg, Lima, & Amlaner, 1999: 397）。

可以想象，就休息而言，一只眼睁着睡觉比两只眼都闭着效率低。然而，它是一种平衡被捕食风险与休息益处的方法。上述研究人员说，既然这是如此常见的一种睡眠形式，不如问：为什么不是所有动物都这样睡觉？作为部分解释，研究者们有一个奇妙的发现：当一群鸭子互相挨着睡觉，比如栖息在一根木头上时，处于鸭群边缘的鸭子150%更可能睁着一只眼（一般是外侧那只）睡，而处于中间的更可能双眼闭着睡。这一现象被称为"群体边缘效应"，处于"群体危险边缘"的成员更可能采取单眼睡眠行为（Rattenborg, Lima, & Amlaner, 1999: 397）。研究人员进一步表示，我们自以为的双眼闭着睡，是与陆生哺乳动物的社会群体发展密切相关的（Rattenborg, Amlaner, & Lima, 2000）。

为何要关怀？

栖息在木头上的鸭子，虽然没有睁一只眼闭一只眼的猫头鹰那么复杂，但有助于我们理解现代中国的照护与个体化的关系。在本书的各章，个体化、私人化、自我责任等后改革时代的价值观，塑造了老年人和家属对养老的感受（Y.Yan, 2011）。于是，过去认为人们可以或应当相互照顾的期望，被自我照顾方案取代了。从锻炼、存款、信仰上帝到制订应急计划，与我交流的老人找到了自我照顾的方法。然而，自我照顾与亲属照顾在本质上是不同的，就像5只睡在5根木头上的鸭子与5只睡在1根木头上的鸭子在本质上不同一样。随着群体规模变小，相应地，更多个体发觉自己处于危险的边缘。

但就现实层面来说，老年人和年轻人的关系有何好处呢？老人和成年子女都表示，代沟和生活方式差异往往使得合居生活不便、麻烦和紧张。不能保证老人就会提供智慧，也不能保证年轻人就能提供良好的照顾。在汉字中，造词的前人找到了一种表述"规模""高度"和"到处"这类复杂概念的方法，就是将两个意思相反的字合成一个词："大小"由"大"和"小"组成，"高低"由"高"和"低"组成，而"里外"由"里"和"外"组成（M. Chen, 2002）。当两个反义字并立时就构成了张力，可以表达更高层面的意思。同样,将"老"字和"小"字合在一起——"孝"表达出长辈与晚辈之间的紧张关系。正如第1章所述,解决紧张关系、维持动态平衡的互惠努力,就是"关怀"的开始。

然而,也像我在第1章所说的,"孝"不是唯一的关怀来源。表示自我与他人张力的"仁",也能带来真诚的关怀。因此,现下国家推行了一些提高社会共情力和"仁"的水平的措施——有让学生到养老院和孤儿院的强制要求性社会实践,以及鼓励志愿者服务。不过,在家庭关系弱化的同时,牟利和形式主义作风大大侵蚀了社会信任,表明在社会层面上,这些可能不是一种真诚关怀的切实办法。同样,在照护领域,不知道如何才能在当前有限的经济和社会条件下,提供长久和优质的照护——能够闭上双眼休息的那种。如今,许多护工承担了生理和情感照护工作,但他们的角色介于"自己人"和"外人"之间,而且照护是为了自己养家糊口。因此,这些照护方案和自我照护方案一样,在长度和深度上都是有限的。

调研期间,我分别参加了在上海、北京和云南西部的德宏举行的安宁疗护大会,在大会上经常听到让宗教团体而非公共或私人机构来提供养老服务的建议。一位医生解释说,宗教信仰有助于人们做好艰难的照护工作。就像基督徒护工杜女士的例子所示,这不是空谈。我的所见与其他员工的评价一致,她的照护工作特别出色。我采访过的那位安宁疗护医生,也是一位虔诚的穆斯林,他称信仰是他在中国继续推行安宁疗护改革的动力。我还见过一个佛教义工组织会定期在福利社区开展改

结语 | 169

善老年人身心健康的活动。然而，宗教组织对于解决许多世俗社会的问题是无力的。例如，昆明一家获得登记许可的新教教堂的牧师说，他的教堂曾开设过基督教养老院，但人们听说是慈善机构开的都不愿意付钱——于是教堂只能关闭了养老院。

动态平衡

中国养老形势的现状存在深刻、复杂的不平衡，但同样也有为维持或恢复平衡而不断付出的努力。要想知道如何解决当今养老的不平衡，关键是不仅要理解中国语境下"平衡"与"和谐"的意义，还要理解这些词本身的独特含义。"中国"一词的字面意思是"中间的国家"。在英语中，"中"（middle）意味着到两端点距离相等。这是一般意义上"平衡"的概念，通常是指一条直线有一个固定的中心点。通过把一端加长或减短，直到两边相等，便是达到"平衡"。因此，有评论家称，"中国"多被理解为"中央"的国家，即作为世界中心的国家（M. Chen, 2002）。但是，"中"字作为《中庸》的主题，其实还有另外一种意思。在古汉字中，"中"并非指直线上的一点，而是指轮子的一轴。从垂直的角度说，它是一根长轴上用来平衡两边的"相对点"。*

---

* 在甲骨文和金文中，"中"字为以圆（方）口一线贯穿的形式，一说是指过去以圆木底座的旌旗所插之处作为中央点或集中点的标志。其中，圆（方）口是象征圆木底座或圈定场地。将该字含义视为"轮上之轴"，多为后人所附会。
——译者注

由于"中"是动态的——像《中庸》中的"中庸"一样——即便在两个不等重量之间，也是可以达成平衡的。

我们不能指望，个体化和分解化的趋势会骤然逆转。然而，这未必意味着家庭关系或照护伦理的终结。上述动态平衡的道理表明，"对立方实现和谐共生而不是抵抗妥协"是可能的（M. Chen, 2002: 183）。家是最初的交换，给予所有人维持生命的照顾体验，以及学习照顾规则和节奏的实践场所。不过，这一道德的最终实现在于照顾他人。随着照顾越发成为自我和陌生人的责任，不知道会由什么来代替代际照顾的道德体验。可以确定的是，至少按幸福晚年公寓住户万龙的话来说，"没有回头路了。旧制度、旧习俗都消失了。一切都是新的，才刚刚开始。我们都在摸着石头过河"。

收尾故事：塞翁失马

当代中国养老中出现的变化，昭示着社会各个层面都在发生转变。虽然这为一部分人，特别是老年人、依附者和贫困者，带来了比较负面的影响，但也为年轻人提供了自由和自主的机会。很难说这对于个人、家庭和社会最终是好是坏，因为正如以下道家寓言所示，结果是在不断延展的。

> 有个农夫叫塞翁，他有一匹漂亮的母马，这匹马广受赞誉。有一天，这匹漂亮的马丢了。村里的人都为塞翁的

不幸表示同情。塞翁只道:"谁知道这是不是坏事?"几天后,丢失的母马回来了,还带来一大群以一头漂亮种马为首的野马。村民们纷纷祝贺塞翁交了好运。塞翁说:"谁知道这是不是好事?"过了一阵子,塞翁的独子在骑那头种马时,从马上摔下来摔断了腿。村民们又来对塞翁的不幸表示同情。塞翁则又道:"谁知道这是不是坏事?"不久,战争打响了,村里所有的年轻人都被征召入伍,参加那场惨烈的战斗,只有塞翁的瘸腿儿子得以幸免。村民们又来感叹塞翁的好运。但塞翁只说道:"谁知道这是不是好事?"

致 谢

在来自米拉卡公立学校（Milaca Public School）、圣奥拉夫学院（St. Olaf College）和耶鲁大学许多校内外恩师的支持下，本书得以问世。特别感谢我的博士生导师马西娅·英霍恩，让我懂得民族志可以深深影响人们的生活，并帮助我保持定力，鼓励我成长。另外，我也对能与凯博文共事深感荣幸，他富于人情味的思想和文字教会我对真正重要之物保持开放心态。而如若没有苏珊·布劳内尔的引导，我也不能走到今天，她是我整个学术生涯的重要引路人。

也要感谢我在昆明的指导者马克医生和唐萍芬教授，他们的指导和引介为我打开了中国各地的许多门路；还有许许多多的养老院老人、家属和医护人员，耐心地和我分享他们的故事和零食，还有我的研究助理及好友魏维。

非常感谢罗格斯大学出版社（Rutgers University Press）的

匿名审读者们费时审阅本书的草稿，并提出了宝贵的修改建议。同样非常感激萨拉·兰姆在本书最后写作阶段给予我的支持、指导和积极展望。另外，也感谢罗格斯大学出版社的贾斯珀·张（Jasper Chang）等编辑，为本书出版过程中所做的所有努力。感谢温纳-格伦基金会（Wenner-Gren Foundation）、美国国家科学基金会（National Science Foundation）和耶鲁大学惠特尼和贝蒂·麦克米伦国际及区域研究中心（Whitney and Betty MacMillan Center for International and Area Studies）为本研究提供的资金赞助。

最后，感谢所有让我在这段长长的旅程中保持健康和快乐的朋友们：米凯拉（Mikaela）和约翰尼（Johnny），埃米（Amy）和达西（D'arcy），罗钰、阿德里安娜（Adrienne）、阿尔娅（Aalyia）、杰丝（Jess）、加布里埃拉（Gabriela）、莫莉（Mollie）、卡特（Kat）和诺拉（Nora）。感谢我的家人们从头到尾给予我的所有教导、支持、鼓励和爱：奶奶巴贝（Babe）和爷爷洛乌（Lou），外婆弗恩（Fern）和外公德劳埃德（DeLloyd），妈妈和爸爸，安（Ann）、马克（Mark）、赖利（Riley）和汤姆（Tom），蕾切尔（Rachel）、萨德（Thad）和凯茜（Kasey），佐伊（Zoe）和盖尔（Gail），佐薇（Zoë）、迈娅（Maiya）和小猫"松饼"。还要衷心感谢萨拉（Sarah），给了我一个安坐的好地方，并在我忙碌时承担收拾碗盘的重任。

注 释

前言

1. 本书所有人名和地名均采用化名。根据中国的传统,以及邵镜虹和张彦文章(Shea & Zhang, 2016)之前例,对丈夫和妻子采用不同的姓氏,称 60~80 岁者为"叔叔"或"阿姨",称年纪更大者为"爷爷"或"奶奶"。
2. 中国养老机构的名目很难翻译成英文。在目前养老产业快速而不均匀的发展阶段,"养老院"一词用于指代各种养老机构,包括公共和私人机构、福利院、社区短期照护机构和日托中心等。其他常用词还有"老年公寓""疗养院""敬老院""休养所"等。
3. 正如霍勒斯·迈纳(Horace Miner)在 1956 年的文章《加利美亚人的身体仪式》("Body Ritual among the Nacirema")中所说。
4. 中国的一胎政策于 2013 年首次放宽,允许一方为独生子女的夫妇生育二胎。2015 年,该政策修改为,所有夫妇可以生育两个孩子,新的二胎政策于 2016 年 1 月生效。然而,观察家们质疑这是否能提高生育率,因为鉴于如今养育一个成功孩子所需的巨大投资,许多中国夫妇不愿意生育二胎,乃至是一胎(Greenhalgh, 2008; Phillips, 2015; Xu et al., 2016)。
5. 私人养老机构经营者面临的经济压力和不稳定性,其最大根源之一是他们脚下的土地。中国的土地只能(向国家)租赁,没有所有权,所以私人机构常常因为开发征用或房租上涨而被迫搬迁。
6. 人们无法选择自己的社会保险,它是根据户口和职业而定的。
7. 我主要访问的机构会在第 3 章详述。此外,我还参观了一家有 200 张床位、含住宿和康复设施的公私混合型社会福利院，一家有 30 张床位的私人穆斯林养老机构，以及一家有 60 张床位的社区养老机构。

第1章 子女之孝，父母之仁

1. 正如前言所述，在中国的大多数城市，包括昆明，医保不覆盖住在养老院的费用。因此，所有费用必须自掏腰包。

第2章 身在历史，身载历史

1. 我采访的养老院住户中有少数不到 60 岁，但也是因病致残的。
2. 基于云南的地理状况，许多当地人也使用该俗语的另一种说法："山高皇帝远"。
3. 近年来，宗教在中国开始复苏，尤其在中上阶层女性中。它是对社会过度商业化的一种回应（Kleinman, 2011）。

第3章 空间与场所，节奏与规矩

1. 如前言所述，20 世纪 90 年代晚期，公共机构开始接收一些自费人士，即便他们不符合"三无"标准（无亲人、无收入、无工作能力）。不过，高要求严格限定了大多数自费人士的准入（W. Yang et al., 2016）。
2. 和我参观过的其他养老院一样，玉山老年公寓没有专门的痴呆病房。所以痴呆患者和其他有高逃跑风险的老人，都被安排在楼道门上锁的高层。也有非痴呆老人住在这些楼层，进出时叫看护员开门。住户和看护员在大门口的来回追逐，为这些楼层带来不少活跃和欢乐。
3. 我是在 2014 年 8 月访问的这家福利院。虽然院长住在楼里，但我访问时他不在。另一名为老人做饭的员工称，老人的人数一直是在变动的。

第4章 无偿照护

1. 例如，幸福晚年老年公寓不允许有严重认知或精神健康问题的人入住，而且院长告诉我，如果老人在入住期间患上这些疾病，会令其出院。主任解释说，他们实在无法为这类人士提供合适的服务。因此，患有较严重痴呆的老人的家属，通常会选择收容标准较低的机构，如玉山老年公寓，那里会接纳各年龄段、各种患有智力和发育障碍或精神疾病的患者。

第5章　有偿照护

1. 在这个例子中，保姆是雇来照料受访者年迈的父亲的。女保姆负责家务工作，男保姆负责身体照护工作。
2. 基督徒可以在政府认可的教堂里做礼拜。自20世纪初以来，就非沿海省份来说，云南基督徒的比例是特别高的，尤其在其多民族的农村地区（Ying, 2009）。有报告称，当地政府部门通常允许农村地区未登记的"家庭教会"存在（Entwistle, 2016）。
3. 据王先生说，在这家老年医院培训的护工不准去其他医院工作，或给病人做私人陪护。我未来得及向宋欣或其他工作人员证实这一点，所以不确定这是否或是如何作为规定来执行的。
4. 据杜女士称，该养老院允许5岁以下的孩子与护工暂住一段时间。她的"5岁半"孙女（后来表明是10岁）就和她一起住了6周。

结语

1. "下海"一词，常用于改革开放的早期，形容那些放弃安稳工作，去做个体生意而发家致富的人。

参考文献

Abdulla, A., Adams, N., Bone, M., Elliott, A. M., Gaffin, J., Jones, D., et al. (2013). Guidance on the management of pain in older people. *Age and Ageing,* 42, 1–57.

Agamben, G. (1998). *Homo sacer.* Stanford, CA: Stanford University Press.

Aries, P. (1981). *The hour of our death.* New York: Oxford University Press.

Attig, T. (2015). Seeking wisdom about mortality, dying, and bereavement. In J. Stillion and T. Attig (Eds.), *Death, dying, and bereavement: Contemporary perspectives, institutions, and practices* (1–14). New York: Springer Publishing Company.

Baidu. (2017). *Lao you suo yi* [To elderly with love]. Retrieved August 30, 2020, from https://baike.baidu.com/item/老有所依/5070047.

Bateson, M. C. (2010). *Composing a further life: The age of active wisdom.* New York: Vintage Books.

——. (2013). Changes in the life course: Strengths and stages. In C.

Lynch and J. Danely (Eds.), *Transitions and transformations: Cultural perspectives on aging and the life course* (21–34). New York: Berghahn Books.

Bian, L. (2015). Medical individualism or medical familism? A critical analysis of China's new guidelines for informed consent: The basic norms of the documentation of the medical record. *Journal of Medicine and Philosophy, 40*(4), 371–386.

Biehl, J. (2005). *Vita: Life in a zone of social abandonment*. Berkeley: University of California Press.

——. (2013). Ethnography in the way of theory. *Cultural Anthropology, 28*(4), 573–597.

Biehl, J., Good, B., and Kleinman, A. (2007). Introduction: Rethinking subjectivity. In J. Biehl, B. Good, and A. Kleinman (Eds.), *Subjectivity: Ethnographic investigations* (1–24). Berkeley: University of California Press.

Biehl, J., and Locke, P. (2010). Deleuze and the anthropology of becoming. *Current Anthropology, 51*, 317–351.

Bregnbaek, S., and Bunkenborg, M. (2017). Introduction. In S. Bregnbaek and M. Bunkenborg (Eds.), *Emptiness and fullness: Ethnographies of lack and desire in contemporary China*. (1–14). New York: Berghahn Books.

Brijnath, B. (2014). *Unforgotten: Love and the culture of dementia care in India*. New York: Berghahn Books.

Broad, J. B., Gott, M., Kim, H., Boyd, M., Chen, H., and Connolly, M. J. (2013). Where do people die? An international comparison of the percentage of deaths occurring in hospital and residential aged care settings in 45 populations, using published and available statistics. *International Journal of Public Health, 58*(2),

257–267.

Brownell, S. (1995). *Training the body for China: Sports in the moral order of the People's Republic*. Chicago: University of Chicago Press.

Buch, E. D. (2015). Anthropology of aging and care. *Annual Review of Anthropology, 44*, 277–293.

——. (2018). *Inequalities of aging: Paradoxes of independence in American home care*. New York: New York University Press.

Buckley, C. (2016, May 18). A danger for doctors in China: Patients' angry relatives. *New York Times*. Retrieved January 4, 2017, from https://www.nytimes.com/2016/05/19/world/asia/china-attacks-doctors-hospitals.html.

Cassell, E. (1991). *The nature of suffering and the goals of medicine*. New York: Oxford University Press.

Chan, A. and Tan, S. (2004). Introduction. In A. Chan and S. Tan (Eds.), *Filial piety in Chinese thought and history* (1–11). London: RoutledgeCurzon.

Chang H. (2012). 2010 Nian chengxiang laoren diaocha baogao [2010 Urban-rural report on aging]. Retrieved November 15, 2015, from http://politics.people.com.cn/GB/n/2012/0710/c1001-18486623.html.

Chapple, H. S. (2010). *No place for dying: Hospitals and the ideology of rescue*. Walnut Creek, CA: Left Coast Press.

Chen, H., Yang, H., Song, P., and Wang, L. (2017). An ambiguous sense of professional identity: Community-based caregivers for older adults in China. *Ageing International, 42*(2), 236–250.

Chen, L. (2016). *Evolving eldercare in contemporary China: Two generations, one decision*. London: Palgrave Macmillan.

Chen, M. J. (2002). Transcending paradox: The Chinese "middle way" perspective. *Asia Pacific Journal of Management, 19*(2), 179–199.

Chen, S. (1996). *Social policy of the economic state and community care in Chinese culture: Aging, family, urban change, and the socialist welfare pluralism.* Avebury, UK: Brookfield.

Chen, Z., Yang, X., Song, Y., Song, B., Zhang, Y., Liu, J., et al. (2017). Challenges of dementia care in China. *Geriatrics, 2*(1), 7.

Cheng, Y., Rosenberg, M. W., Wang, W., Yang, L., and Li, H. (2011). Aging, health and place in residential care facilities in Beijing, China. *Social Science and Medicine, 72*(3), 365–372.

Chi, I. (2011). Cross-cultural gerontology research methods: Challenges and solutions. *Aging and Society, 30*, 371–385.

China Statistical Yearbook 2019. (2019). National Bureau of Statistics of China. Retrieved July 15, 2020, from http://www.stats.gov.cn/tjsj/ndsj/2019/indexeh.htm.

Chinese Academy of Social Sciences. (2019). *Zhongguo renkou yu laodong wenti baogao* [Reports on China's population and labor]. *Renkou yu Laodong Lupishu* [Population and Labor Green Book], *44*. Retrieved August 17, 2020, from http://ex.cssn.cn/zx/bwyc/201901/t20190104_4806519_1.shtml.

Chronic. (2006). *Gale Encyclopedia of Medicine.* Retrieved September 1, 2020, from https://medical-dictionary.thefreedictionary.com/Chronic.

Ci, J. (2014). *Moral China in the age of reform.* New York: Cambridge University Press.

Cohen, L. (1998). *No aging in India: Alzheimer's, the bad family, and other modern things.* Berkeley: University of California

Press.

Cohen, M. L. (1988). Souls and salvation: Conflicting themes in Chinese popular religion. In J. L. Watson and E. S. Rawski (Eds.), *Death ritual in late imperial and modern China* (180–202). Berkeley: University of California Press.

Constable, N. (2007). *Maid to order in Hong Kong: Stories of migrant workers*. Ithaca, NY: Cornell University Press.

Dai, H. (2014). Care for whom: Diverse institutional orientations of non-governmental elder homes in contemporary China. *British Journal of Social Work, 44*(7), 1914–1933.

Danely, J., and Lynch, C. (2013). Introduction. Transitions and transformations: Paradigms, perspectives, and possibilities. In J. Danely and C. Lynch (Eds.), *Transitions and transformations: Cultural perspectives on aging and the life course* (3–20). New York: Berghahn Books.

Das, V., and Poole, D. (2004). *Anthropology in the margins of the state*. Santa Fe, NM: School for Advanced Research Press.

Davis, D. (1991). *Long lives: Chinese elderly and the communist revolution*. Stanford, CA: Stanford University Press.

Davis, D., and Harrell, S. (1993). Introduction: The impact of post-Mao reforms on family life. In D. Davis and S. Harrell (Eds.), *Chinese families in the post-Mao era* (1–24). Berkeley: University of California Press.

Dong, F., Zheng, R., Chen, X., Wang, Y., Zhou, H., and Sun, R. (2016). Caring for dying cancer patients in the Chinese cultural context: A qualitative study from the perspectives of physicians and nurses. *European Journal of Oncology Nursing, 21*, 189–196.

Douglas, M. (1966). *Purity and danger: An analysis of concepts of pollution and taboo*. London: Routledge.

Du, T. (2015, March 17). Qi tui renyuan yanlaojin "11 lian zhang" Kunmingshi pingjun tuixiujin chao 2000 yuan. [Retiree's pensions "11 rise" Kunming average pension exceeds RMB 2000]. *Kunming Ribao*. Retrieved September 21, 2017, from xw.kunming.cn.

Durkheim, E. (1960). *The division of labor in society* (G. Simpson, Trans.). New York: Free Press. (Original work published 1893)

Ebrey, P. (1990). Women, marriage, and the family in Chinese history. In P. S. Ropp (Ed.), *Heritage of China: Contemporary perspectives on Chinese civilization* (197–223). Berkeley: University of California Press.

——. (1996). *The Cambridge illustrated history of China*. Cambridge, UK: Cambridge University Press.

——. (2004). Imperial filial piety as a political problem. In A. Chan and S. Tan (Eds.), *Filial piety in Chinese thought and history* (122–140). London: RoutledgeCurzon.

Egri, C. P., and Ralston, D. A. (2004). Generation cohorts and personal values: A comparison of China and the United States. *Organization Science, 15*(2), 210–220.

Eno. R. (Trans.) (2015). *The Analects of Confucius: An online teaching translation*. Retrieved August 30, 2020, from https://chinatxt.sitehost.iu.edu/Analects_of_Confucius_(Eno-2015).pdf.

——. (2016). *Great learning and the doctrine of the mean: An online teaching translation*. Retrieved July 10, 2017, from https://scholarworks.iu.edu/dspace/bitstream/handle/2022/23422/Daxue-Zhongyong.pdf?sequence=2&isAllowed=y.

———. (2019). *Zhuangzi: The inner chapters*. Retrieved July 27, 2020, from https://scholarworks.iu.edu/dspace/bitstream/handle/2022/23427/Zhuangzi-updated.pdf?sequence=2&isAllowed=y.

Entwistle, P. (2016). Faith in China: Religious belief and national narratives amongst young, urban Chinese Protestants. *Nations and Nationalism, 22*(2), 347–370.

Erikson, E. (1950). *Childhood and society*. New York: W. W. Norton and Company.

Fan, R. (2007). Which care? Whose responsibility? And why family? A Confucian account of long-term care for the elderly. *Journal of Medicine and Philosophy, 32*(5), 495–517.

Fan, R., and Li, B. (2004). Truth telling in medicine: The Confucian view. *Journal of Medicine and Philosophy, 29*(2), 179–193.

Fei, W. (2011). Suicide, a modern problem in China. In A. Kleinman, Y. Yan, J. Jing, S. Lee, E. Zhang, T. Pan, et al. (Eds.), *Deep China: The moral life of the person: What anthropology and psychiatry tell us about China today* (213–236). Berkeley: University of California Press.

Fei, X. (1992). *From the soil: The foundations of Chinese society* (G. Hamilton and Z. Wang, Trans.). Berkeley: University of California Press. (Original work published 1948)

Feng, X. (2008a). Translator's Note. In *Xiao jing—The classic of xiao* (X. Feng, Trans.) (2). Retrieved July 10, 2017, from http://www.tsoidug.org/Papers/Xiao_Jing_Comment.pdf.

———. (Trans.) (2008b). *Xiao jing—The classic of xiao*. Retrieved July 10, 2017, from http://www.tsoidug.org/Papers/Xiao_Jing_Comment.pdf.

Feng, Z., Zhan, H. J., Feng, X., Liu, C., Sun, M., and Mor, V. (2011).

An industry in the making: The emergence of institutional elder care in urban China. *Journal of the American Geriatrics Society*, *59*(4), 738–744.

Ferguson, J. (1994). *The antipolitics machine: "Development," depoliticization, and bureaucratic power in Lesotho*. Minneapolis: University of Minnesota Press.

Foucault, M. (1990). *The history of sexuality: Vol. 1. An introduction*. (R. Hurley, Trans.). New York: Vintage Books. (Original work published 1976)

Freedman, M. (1966). *Chinese lineage and society: Fukien and Kwangtung*. London: Athlone Press.

Gale Encyclopedia of Medicine. (2006). 3rd edition. Detroit: Thomson Gale.

Gao, W. (2012). Palliative care in China: Current status and future directions. *Journal of Palliative Care and Medicine*, *2*(2), e113.

Glaser, B., and Strauss, A. (1968). *Time for dying*. Chicago: Aldine.

Global Age Watch Index. (2015). Insight report. Retrieved November 25, 2015, from https://www.helpage.org/global-agewatch/reports/global-agewatch-index-2015-insight-report-summary-and-methodology.

Good, M.J.D. (2007). The medical imaginary and the biotechnical embrace: Subjective experiences of clinical scientists and patients. In J. Biehl, B. Good, and A. Kleinman (Eds.), *Subjectivity: Ethnographic investigations* (362–380). Berkeley: University of California Press.

Graeber, D. (2001). *Toward an anthropological theory of value: The false coin of our own dreams*. New York: Palgrave.

Green, J. W. (2012). *Beyond the good death: The anthropology of modern dying*. Philadelphia: University of Pennsylvania Press.

Greenhalgh, S. (2008). *Just one child: Science and policy in Deng's China*. Berkeley: University of California Press.

Grenier, A. (2012). *Transitions and the lifecourse: Challenging the constructions of "growing old."* Bristol, Great Britain: Policy Press.

Gu, D., Liu, G., Vlosky, D. A., and Yi, Z. (2007). Factors associated with place of death among the Chinese oldest old. *Journal of Applied Gerontology, 26*(1), 34–57.

Guan, X., Zhan, H. J., and Liu, G. (2007). Institutional and individual autonomy: Investigating predictors of attitudes toward institutional care in China. *International Journal of Aging and Human Development, 64*(1), 83–107.

Guang, X. (2013). Buddhist impact on Chinese culture. *Asian Philosophy, 23*(4), 305–322.

Gupta, A., and Ferguson, J. (1992). Beyond "culture": Space, identity, and the politics of difference. *Cultural Anthropology, 7*(1), 6–23.

Hall, E. T. (1968). Proxemics. *Current Anthropology, 9*(2–3), 83–108.

Harmel, R., and Yeh, Y. Y. (2015). China's age cohorts: Differences in political attitudes and behavior. *Social Science Quarterly, 96*(1), 214–234.

Harms, E. (2011). *Saigon's edge: On the margins of Ho Chi Minh City*. Minneapolis: University of Minnesota Press.

——. (2016). *Luxury and rubble: Civility and dispossession in the new Saigon*. Berkeley: University of California Press.

Harper, S. (1992). Caring for China's ageing population: The residential option—a case study of Shanghai. *Ageing and Society, 12*, 157–184.

Harrell, S. (2001). *Ways of being ethnic in southwest China*. Seattle: University of Washington Press.

Hatcher, B. (Trans.) (2009). *The book of changes: Yijing, word by word*. Nucla, CO: Hermetica.info.

Heinemann, L. (2013). For the sake of others: Reciprocal webs of obligation and the pursuit of transplantation as a caring act. *Medical Anthropology Quarterly, 28*(1), 66–84.

Herr, R. S. (2003). Is Confucianism compatible with care ethics? A critique. *Philosophy East and West, 53*(4), 471–489.

Hochschild, A. R. (2000). The nanny chain. *American Prospect, 11*(4), 32–36.

Hsu, C. Y., O'Connor, M., and Lee, S. (2009). Understandings of death and dying for people of Chinese origin. *Death Studies, 33*(2), 153–174.

Hui, J., Wenqin, Y., and Yan, G. (2013). Family-paid caregivers in hospital health care in China. *Journal of Nursing Management, 21*(8), 1026–1033.

Hung, E. P., and Chiu, S. W. (2003). The lost generation: Life course dynamics and *xiagang* in China. *Modern China, 29*(2), 204–236.

Hyde, S. T. (2007). *Eating spring rice: The cultural politics of AIDS in southwest China*. Berkeley: University of California Press.

Ikegami, N. (2019). Financing long-term care: Lessons from Japan. *International Journal of Health Policy and Management, 8*(8), 462–466.

Ikels, C. (1983). *Aging and adaptation: Chinese in Hong Kong and the United States*. North Haven, CT: Archon Books.

——, (Ed.). (2004a). *Filial piety: Practice and discourse in contemporary East Asia*. Stanford, CA: Stanford University Press.

——. (2004b). Introduction. In C. Ikels (Ed.), *Filial piety: Practice and discourse in contemporary East Asia*. (1–15). Stanford, CA: Stanford University Press.

Inglehart, R. (1997). *Modernization and post-modernization: Cultural, economic, and political change in 43 societies*. Princeton, NJ: Princeton University Press.

Inhorn, M. C. (2012). *The new Arab man: Emergent masculinities, technologies, and Islam in the Middle East*. Princeton, NJ: Princeton University Press.

Ivanhoe, P. J. (2004). Filial piety as a virtue. In A. Chan and S. Tan (Eds.), *Filial piety in Chinese thought and history* (189–202). London: RoutledgeCurzon.

Jiang, H., Li, H., Ma, L., and Gu, Y. (2015). Nurses' roles in direct nursing care delivery in China. *Applied Nursing Research, 28*(2), 132–136.

Jiang, Q., Yang, S., and Sanchez-Barricarte, J. (2016). Can China afford rapid aging? *SingerPlus, 5*, 1–8.

Jing J., and Yuan, Z. (2016). Zai yiyuan qushi yu zai jia zhong qushi: You guan zhongguo gongmin siwang didian de shehuixue bianxi [Dying in hospitals and dying at home: A sociological analysis of place of death for Chinese]. *Sixiang Zhanxian* [Ideological front], *42*(2), 14–18.

Jordan, D. (1986). Folk filial piety in Taiwan: The twenty-four filial exemplars. In W. H. Slote (Ed.), *The psychocultural dynamics of the Confucian family: Past and present* (47–106). Seoul:

International Cultural Society.

Kaufman, S. R. (2005). *...And a time to die: How American hospitals shape the end of life*. New York: Simon and Schuster.

——. (2015). *Ordinary medicine: Extraordinary treatments, longer lives, and where to draw the line*. Durham, NC: Duke University Press.

Kipnis, A. B. (1997). *Producing guanxi: Sentiment, self, and subculture in a North China village*. Durham, NC: Duke University Press.

——. (2012). Introduction: Chinese modernity and the individual psyche. In A. B. Kipnis (Ed.), *Chinese modernity and the individual psyche* (1–16). New York: Palgrave Macmillan.

Kleinman, A. (1980). *Patients and healers in the context of culture: An exploration of the borderland between anthropology, medicine, and psychiatry*. Berkeley: University of California Press.

——. (2009). Caregiving: The odyssey of becoming more human. *Lancet, 373*, 292–293.

——. (2010). Caregiving: Its role in medicine and society in America and China. *Ageing International, 35*, 96–108.

——. (2011). Quests for meaning. In A. Kleinman, Y. Yan, J. Jing, S. Lee, E. Zhang, T. Pan, et al. (Eds.), *Deep China: The moral life of the person: What anthropology and psychiatry tell us about China today* (263–290). Berkeley: University of California Press.

——. (2015). Care: In search of a health agenda. *Lancet, 386*(9990), 240–241.

Kleinman, A., and Hall-Clifford, R. (2010). Afterword: Chronicity—time, space, and culture. In L. Manderson and C. Smith-Morris

(Eds.), *Chronic conditions, fluid states: Chronicity and the anthropology of illness* (247–252). New Brunswick, NJ: Rutgers University Press.

Kleinman, A., and Kleinman, J. (1994). How bodies remember: Social memory and bodily experience of criticism, resistance, and delegitimation following China's Cultural Revolution. *New Literary History, 25*(3), 707–723.

Kleinman, A., Yan, Y., Jing, J., Lee, S., Zhang, E., Pan, T., et al. (2011). Introduction. In A. Kleinman, Y. Yan, J. Jing, S. Lee, E. Zhang, T. Pan, et al. (Eds.), *Deep China: The moral life of the person: What anthropology and psychiatry tell us about China today* (1–35). Berkeley: University of California Press.

Kohrman, M. (2005). *Bodies of difference: Experiences of disability and institutional advocacy in the making of modern China*. Berkeley: University of California Press.

Kontos, P. C. (2006). Embodied selfhood: An ethnographic exploration of Alzheimer's disease. In A. Leibing and L. Cohen (Eds.), *Thinking about dementia: Culture, loss and the anthropology of senility* (195–217). New Brunswick, NJ: Rutgers University Press.

Krakauer, E. L. (2007). To be freed from the infirmity of (the) age: Subjectivity, life-sustaining treatment and palliative medicine. In J. Biehl, B. Good, and A. Kleinman (Eds.), *Subjectivity: Ethnographic investigations* (381–396). Berkeley: University of California Press.

Kübler-Ross, E. (1969). *On death and dying*. London: Tavistock.

"Kunming nursing home list." (2015). Yanglao.com.cn. [Eldercare. com]. Retrieved November 28, 2015, from http://www.yanglao.

com.cn/kunming.

Kwok, H. K. (2006). The son also acts as major caregiver for the elderly parents: A study of the sandwich generation in Hong Kong. *Current Sociology, 54*(2), 257–272.

Lamb, S. (2000). *White saris and sweet mangoes: Aging, gender, and body in North India.* Berkeley: University of California Press.

——. (2009). *Aging and the Indian diaspora: Cosmopolitan families in India and abroad.* Bloomington: Indiana University Press.

——. (2014). Permanent personhood or meaningful decline? Toward a critical anthropology of successful aging. *Journal of Aging Studies, 29*, 41–52.

Laqueur, T. (1990). *Making sex: Body and gender from the Greeks to Freud.* Cambridge: Harvard University Press.

Lei, L. (2019). Efforts to improve senior care renewed. *China Daily.* Retrieved August 19, 2020, from http://english. www.gov.cn/statecouncil/ministries/201909/19/content_WS5d82beecc6d0bcf8c4c13a58.html.

——. (2020). Favorable policies support eldercare. *China Daily.* Retrieved August 19, 2020, from http://english.www.gov.cn/statecouncil/ministries/202004/25/content_WS5ea38a16c6d0b3f0e9496523.html.

Lefebvre, H. (2004). *Rhythm analysis: Space, time and everyday life* (S. Elden and G. Moore, Trans.). London: Continuum. (Original work published 1992)

Legge, J. (Trans.) (1861). *The Chinese classics. Vol 1.: Confucian Analects, the Great Learning, and the Doctrine of the Mean.* London: Trübner.

Li, C. (2013). *The Confucian philosophy of harmony.* New York:

Routledge.

Li, J., Davis, M. P., and Gamier, P. (2011). Palliative medicine: Barriers and developments in mainland China. *Current Oncology Reports, 13*(4), 290–294.

Li, Q. (2017). The "empty nest" is not empty: The vanishing boundary and immersive communication in China engages the elderly. *University of Nottingham Asia Research Institute.* Retrieved August 30, 2020, from https://theasiadialogue. com/2017/08/04/the-empty-nest-is-not-empty-the-vanishing-boundary-and-immersive-communication-in-china-engages-the-elderly.

Li, S., and Lin, S. (2016). Population aging and China's social security reforms. *Journal of Policy Modeling, 38*(1), 65–95.

Li, W., Hodgetts, D., Ho, E., and Stolte, O. (2010). From early Confucian texts to aged care in China and abroad today: The evolution of filial piety and its implications. *Journal of US-China Public Administration, 7*, 48–59.

Li, Y., Xu, L., Chi, I., and Guo, P. (2014). Participation in productive activities and health outcomes among older adults in urban China. *Gerontologist, 54*(5), 784–796.

Liang, Y. D., Wang, Y. L., Li, Z., He, L., Xu, Y., Zhang, Q., et al. (2018). Caregiving burden and depression in paid caregivers of hospitalized patients: A pilot study in China. *BMC Public Health, 18*(53). Retrieved August 30, 2020, from https://doi.org/10.1186/s12889-017-4563-6.

Liebing, A., and Cohen, L. (Eds.). (2006). *Thinking about dementia: Culture, loss and the anthropology of senility.* New Brunswick, NJ: Rutgers University Press.

Lin, P. C., Wang, H. H., and Huang, H. T. (2007). Depressive symptoms among older residents at nursing homes in Taiwan. *Journal of Clinical Nursing, 16*(9), 1719–1725.

Liu, G. G., Vortherms, S. A., and Hong, X. Z. (2017). China's health reform update. *Annual Review of Public Health, 38,* 431–448.

Liu, T. and Sun, L. (2016). Pension reform in China. *Journal of Aging and Social Policy, 28*(1), 15–28.

Liu, X., Wong, H., and Liu, K. (2016). Outcome-based health equity across different social health insurance schemes for the elderly in China. *BMC Health Services Research, 16*(9). Retrieved August 30, 2020, from https://doi.org/10.1186/s12913-016-1261-5.

Lock, M. (1993). *Encounters with aging: Mythologies of menopause in Japan and North America.* Berkeley: University of California Press.

——. (1996). Death in technological time: Locating the end of meaningful life. *Medical Anthropology Quarterly, 10* (4), 575–600.

——. (2002). *Twice dead: Organ transplants and the reinvention of death.* Berkeley: University of California Press.

Lock, M., Lloyd, S. and Prest, J. (2006). Genetic susceptibility and Alzheimer's disease: The penetrance and uptake of genetic knowledge. In A. Leibing and L. Cohen (Eds.), *Thinking about dementia: Culture, loss and the anthropology of senility* (123–156). New Brunswick, NJ: Rutgers University Press.

Lora-Wainwright, A. (2017). *Resigned activism: Living with pollution in rural China.* Cambridge, MA: MIT Press.

Low, S. M. (2003). Embodied space(s): Anthropological theories of body, space, and culture. *Space and Culture, 6*(1), 9–18.

Mao, W., and Chi, I. (2011). Filial piety of children as perceived by aging parents in China. *International Journal of Social Welfare, 20*, 99–108.

Marshall, B., and Katz S. (2012). The embodied life course: Post-ageism or the renaturalization of gender? *Societies 2*(4), 222-234.

Marx, K. (1951). *The Eighteenth Brumaire of Louis Bonaparte* (D. De Leon., Trans.). New York: Labor News. (Original work published 1852)

Mbembe, A. (2008). Necropolitics. In S. Morton and S. Bygrave (Eds.), *Foucault in an Age of Terror: Essays on Biopolitics and the Defence of Society.* (pp. 152-182). Hampshire: Palgrave Macmillan.

McLean, A. (2007). *The person in dementia: A study of nursing home care in the U.S.* Peterborough (ON): Broadview Press.

Merleau-Ponty, M. (1962). *Phenomenology of perception* (C. Smith, Trans.). London: Routledge. (Original work published 1945)

Miner, H. (1956). Body ritual among the Nacirema. *American Anthropologist, 58*(3), 503–507.

Mjelde-Mossey, L. A., Chin, I., Lubben, J., and Lou, V. W. (2009). Relationship between productive activities, family relations, and aging well for elders in China. *Journal of Ethnic and Cultural Diversity in Social Work,* 8(4), 276–292.

Mol, A. (2010). Care and its values: Good food in the nursing home. In A. Mol, I. Moser, and J. Pols (Eds.), *Care in practice: On tinkering in clinics, homes and farms* (215–234). Bielefeld, Germany: transcript.

Mol, A., Moser, I., and Pols, J. (2010). Care: Putting practice into theory. In A. Mol, I. Moser, and J. Pols (Eds.), *Care in practice: On tinkering in clinics, homes and farms* (7–26). Bielefeld,

Germany: transcript.

Moore, M. (2013, January 16). China's ageing population: 100-year waiting list for Beijing nursing home. *Telegraph*. Retrieved September 21, 2017, from https://www.telegraph.co.uk/news/worldnews/asia/china/9805834/Chinas-ageing-population-100-year-waiting-list-for-Beijing-nursing-home.html.

Munn, N. D. (1996). Excluded spaces: The figure in the Australian Aboriginal landscape. *Critical Inquiry, 22*(3), 446–465.

Newendorp, N. (2017). Negotiating family "value" : Caregiving and conflict among Chinese-born senior migrants and their families in the U.S. *Ageing International, 42*(2), 187–204.

Nietzsche, F. (1954). *The portable Nietzsche* (W. Kaufmann, Trans.). New York: Viking Press. (Original work published 1892)

O'Connor, M., Poon, E.W.H., and Hsu, J.C.Y. (2015). The complexities of communicating palliative care in Chinese-based languages. *Progress in Palliative Care, 23*(2), 85–87.

Ong, A. (1999). *Flexible citizenship: The cultural logics of transnationality*. Durham, NC: Duke University Press.

Ong, A., and Collier, S. (Eds.) (2004). *Global assemblages: Technology, politics, and ethics as anthropological problems*. Oxford, UK: Wiley-Blackwell.

Ong, A., and Zhang, L. (2008). Introduction. In L. Zhang and A. Ong (Eds.), *Privatizing China: Socialism from afar* (1–20). Ithaca, NY: Cornell University Press.

Ortner, S. B. (2005). Subjectivity and cultural critique. *Anthropological Theory, 5*, 31–52.

Ouyang, Z., Chong, A. M., Ng, T. K., and Liu, S. (2015). Leisure, functional disability and depression among older Chinese living in residential care homes. *Aging and Mental Health, 19*(8), 723–730.

Pang-White, A. A. (2011). Caring in Confucian philosophy. *Philosophy Compass, 6*(6), 374–384.

Parish, W. L., and Whyte, M. K. (1978). *Village and family in contemporary China*. Chicago: Chicago University Press.

Perkins, F. (2015). Metaphysics in Chinese philosophy. In E. N. Zalta (Ed.), *The Stanford Encyclopedia of Philosophy*. Retrieved July 2, 2017, from https://plato.stanford.edu/entries/chinese-metaphysics/.

Petryna, A. (2002). *Life exposed: Biological citizens after Chernobyl*. Princeton, N.J.: Princeton University Press.

Phillips, T. (2015). China ends one-child policy after 35 years. *The Guardian*. Retrieved September 23, 2017, from https://www.theguardian.com.

Praspaliauskiene, R. (2016). Enveloped lives: Practicing health and care in Lithuania. *Medical Anthropology Quarterly, 30*(4), 582–598.

Qin, S., and Xia, Y. (2015). Grieving rituals and beliefs of Chinese families. In J. Cacciatore and J. DeFrain (Eds.), *The world of bereavement: Cultural perspectives on death in families* (69–80). Heidelberg, Germany: Springer International Publishing.

Rabinow, P. (1999). Artificiality and enlightenment: From sociobiology to biosociality. In M. Biagioli (Ed.), *The Science Studies Reader* (407–416). New York: Routledge.

Ram, K., and Houston, C. (2015). Introduction: Phenomenology's methodological invitation. In K. Ram and C. Houston (Eds.), *Phenomenology in anthropology: A sense of perspective* (1–28).

Bloomington: Indiana University Press.

Rattenborg, N. C., Amlaner, C. J., and Lima, S. L. (2000). Behavioral, neurophysiological and evolutionary perspectives on unihemispheric sleep. *Neuroscience and Biobehavioral Reviews, 24*(8), 817–842.

Rattenborg, N. C., Lima, S. L., and Amlaner, C. J. (1999). Half-awake to the risk of predation. *Nature, 397*, 397–398.

Redfield, P. (2005). Foucault in the tropics: Displacing the panoption. In J. X. Inda (Ed.), *Anthropologies of modernity: Foucault, governmentality, and life politics* (50–79). Oxford: Blackwell Publishing.

Riley, N. E. (2004). China's population: New trends and challenges. *Population Bulletin, 59*(2), 3–36.

Rofel, L. (1999). *Other modernities: Gendered yearnings in China after socialism*. Berkeley: University of California Press.

——. (2007). *Desiring China: Experiments in neoliberalism, sexuality, and public culture*. Durham, NC: Duke University Press.

Rose, N., and Novas, C. (2005). Biological citizenship. In A. Ong and S. Collier (Eds.), *Global assemblages: Technology, politics and ethics as anthropological problems* (439–463). Malden, MA: Blackwell Publishing.

Rowe, J., and Kahn, R. (1987). Human aging: Usual and successful. *Science, 237*(4811), 143–149.

Rummery, K., and Fine, M. (2012). Care: A critical review of theory, policy and practice. *Social Policy and Administration, 46*(3), 321–343.

Sadruddin, A.F.A. (2020). The care of "small things": Aging and dignity in Rwanda. *Medical Anthropology, 39*, 1–13.

Sahlins, M. (1996). The sadness of sweetness: The native anthropology of Western cosmology. *Current Anthropology, 37*(3), 395–428.

Saiquan, C. (2002). Summary of studies on eldercare models in contemporary China. *Chinese Sociology and Anthropology, 34*(2), 24–42.

Sangren, P. S. (2017). *Filial obsessions: Chinese patriliny and its discontents*. New York: Palgrave Macmillan.

Scheper-Hughes, N., and Lock, M. (1987). The mindful body: A prolegomenon to future work in medical anthropology. *Medical Anthropology Quarterly, 1*, 6–41.

Scott, J. C. (1998). *Seeing like a state: How certain schemes to improve the human condition have failed*. New Haven, CT: Yale University Press.

Shea, J. L. (2014). Revolutionary narratives of self-compassion among older women in post-Mao Beijing. *Anthropology and Medicine, 21*(1), 8–26.

——. (2017). Senior volunteering in service to community elders in Shanghai: Bringing together agendas for productive aging and community-based social support for the aged in China. *Ageing International, 42*(2), 205–235.

——. (2019). Dominant Chinese national policies on aging and their degree of attention to eldercare by seniors. *Ageing International, 44*, 331–351.

Shea, J. L., and Zhang, Y. (2016). Ethnography of eldercare by elders in Shanghai, China. *Ageing International, 41*, 366–393.

Shum, M. H., Lou, V. W., He, K. Z., Chen, C. C., and Wang, J. (2015). The "leap forward" in nursing home development in urban China: Future policy directions. *Journal of the American Medical Directors Association, 16*(9), 784–789.

Sina. (2016). Woguo yidi yanglao dichan shichang guimo yinggai chaoguo 2000 yi yuan [Scale of national destination elder care estate market scale should exceed RMB 20,000,000,000]. Retrieved February 3, 2017, from http://finance.sina.com.cn/china/20160120/162624187087.shtml.

Siu, H. (1989). *Agents and victims in South China: Accomplices in rural revolution.* New Haven, CT: Yale University Press.

———. (1990). Recycling tradition: Culture, history, and political economy in the chrysanthemum festivals of South China. *Comparative Studies in Society and History, 32*(4), 765–794.

———. (2006). China's century: Fast forward with historical baggage. *American Anthropologist, 108*(2), 389–392.

Skinner, G. W. (1971). Chinese peasants and the closed community: An open and shut case. *Comparative Studies in Society and History, 13*(3), 270–281.

Spiro, H., Curnen, M. C., and Wandel, L. P. (1996). *Facing death: Where culture, religion, and medicine meet.* New Haven, CT: Yale University Press.

Sun, J., and Wang, X. (2010). Value differences between generations in China: A study in Shanghai. *Journal of Youth Studies, 13*(1), 65–81.

Sun, W. (2009). *Maid in China: Media, morality, and the cultural politics of boundaries.* New York: Routledge.

Taylor, J. S. (2017). Engaging with dementia: Moral experiments in art and friendship. *Culture, Medicine, and Psychiatry, 41*, 284–303.

Tsing, A. L. (2005). *Friction: An ethnography of global connection.* Princeton, NJ: Princeton University Press.

Tuan, Y. (1977). *Space and place: The perspective of experience.*

Minneapolis: University of Minnesota Press.

United Nations. (2013). *World population prospects: The 2012 revision*. New York: United Nations Department of Economic and Social Affairs, Population Division.

———. (2015). *World population prospects: The 2015 revision*. New York: United Nations Department of Economic and Social Affairs, Population Division.

Wade, N. (2016, December 15). Scientists say the clock of aging may be reversible. *New York Times*. Retrieved March 3, 2017, from https://www.nytimes.com/2016/12/15/science/scientists-say-they-can-reset-clock-of-aging-for-mice-at-least.html.

Wahlberg, A. (2018). The vitality of disease. In M. Meloni, J. Cromby, D. Fitzgerald, and S. Lloyd (Eds.), *The Palgrave handbook of biology and society* (727–748). London: Palgrave-Macmillan.

Wang, C. W., Chan, C. L., and Yip, P. S. (2014). Suicide rates in China from 2002 to 2011: An update. *Social Psychiatry and Psychiatric Epidemiology, 49*(6), 929–941.

Wang, D. (2003). *Street culture in Chengdu: Public space, urban commoners, and local politics, 1870–1930*. Stanford, CA: Stanford University Press.

———. (2004). Ritualistic coresidence and the weakening of filial practice in rural China. In C. Ikels (Ed.), *Filial piety: Practice and discourse in contemporary East Asia* (16–33). Stanford, CA: Stanford University Press.

Wang H. Z., Shi, L., and Gao, Y. L. (2007). Survey of depression and life satisfaction of aged people in province level nursing home in Guangzhou. *Journal of Nursing, 14*(2), 5–7.

Watson, J. (1985). Standardizing the gods: The promotion of T'ien Hou ("Empress of Heaven") along the South China coast, 960–1960. In D. Johnson, A. J. Nathan, and E. S. Rawski (Eds.), *Popular culture in late imperial China* (292–324). Berkeley: University of California Press.

——. (1988). The structure of Chinese funerary rites. In J. L. Watson and E. S. Rawski (Eds.), *Death ritual in Late Imperial and Modern China* (3–19). Berkeley: University of California Press.

Watson, R. S. (1991). Wives, concubines, and maids: Servitude and kinship in the Hong Kong region, 1900–1940. In R. S. Watson and P. B. Ebrey (Eds.), *Marriage and inequality in Chinese society* (231–255). Berkeley: University of California Press.

Weng, L., Joynt, G. M., Lee, A., Du, B., Leung, P., Peng, J., et al. (2011). Attitudes towards ethical problems in critical care medicine: The Chinese perspective. *Intensive Care Medicine, 37*(4), 655–664.

Wentzell, E. A. (2013). *Maturing masculinities: Aging, chronic illness, and Viagra in Mexico*. Durham, NC: Duke University Press.

Whyte, M. K. (1988). Death in the People's Republic of China. In J. L. Watson and E. S. Rawski (Eds.), *Death ritual in late imperial and modern China* (289–316). Berkeley: University of California Press.

——. (1992). Introduction: Rural economic reforms and Chinese family patterns. *China Quarterly, 130*, 317–322.

——. (2004). Filial obligations in Chinese families: Paradoxes of modernization. In C. Ikels (Ed.), *Filial piety: Practice and discourse in contemporary East Asia* (106–127). Stanford, CA: Stanford University Press.

Wilkinson, I., and Kleinman, A. (2016). *A passion for society: How we think about human suffering*. Berkeley: University of California Press.

Wolf, M. (1972). *Women and the family in rural Taiwan*. Stanford, CA: Stanford University Press.

——. (1978). Child training and the Chinese family. In A. Wolf (Ed.), *Studies in Chinese society* (221–246). Stanford, CA: Stanford University Press.

Wong, D. (2008). Chinese ethics. In E. N. Zalta (Ed.), *The Stanford Encyclopedia of Philosophy*. Retrieved July 2, 2017, from https://plato.stanford.edu/entries/ethics-chinese.

World Bank Group. (2019a). Life expectancy at birth, total (years)—China. Retrieved February 29, 2020, from https://data.worldbank.org/indicator/SP.DYN.LE00.IN?locations=CN.

——. (2019b). Population ages 65 and above (% of total population)—China. Retrieved February 29, 2020, from https://data.worldbank.org/indicator/SP.POP.65UP.TO.ZS?contextual=default&locations=CN.

——. (2019c). Population ages 65 and above (% of total population)—Japan. Retrieved February 29, 2020 from https://data.worldbank.org/indicator/SP.POP.65UP.TO.ZS?contextual=default&locations=JP.

World Health Organization. (2016). What is "active ageing"? Retrieved February 15, 2016, from https://www.who.int/ageing/healthy-ageing/en/.

Xinhua. (2016). China's nursing home beds rise to 6.7m in 2015.

Retrieved September 20, 2016, from http://english.www.gov.cn/archive/statistics/2016/03/11/content_281475305465098.htm.

———. (2019). China has over 170,000 elderly-care institutions, facilities. Retrieved August 17, 2020, from http://english.www.gov.cn/statecouncil/ministries/201911/19/content_ WS5dd3d1d2c6d0bcf8c4c176bf.html.

———. (2020). China to introduce national rating system for nursing homes. Retrieved August 18, 2020, from http://english.www.gov.cn/statecouncil/ministries/202001/02/content_WS5e0dd7a3c6d0cee5d284b0e2.html.

Xu, X. L., Zuo, H. X., Rao, Y. S., Zhang, L., Wang, L. L., and Zhao, Y. (2016). Intention to have a second child among Chinese women one year after the implementation of selective two-child policy: A cross-sectional survey. *Lancet, 388*, S96.

Yan, H. (2008). *New masters, new servants: Migration, development, and women workers in China*. Durham, NC: Duke University Press.

Yan, Y. (1996). *The flow of gifts: Reciprocity and social networks in a Chinese village*. Stanford, CA: Stanford University Press.

———. (2003). *Private life under socialism: Love, intimacy, and family change in a Chinese village, 1949–1999*. Stanford, CA: Stanford University Press.

———. (2009). *The individualization of Chinese society*. Oxford, UK: Berg.

———. (2011). The changing moral landscape. In A. Kleinman, Y. Yan, J. Jing, S. Lee, E. Zhang, T. Pan, et al. (Eds.), *Deep China: The moral life of the person: What anthropology and psychiatry tell us about China today* (36–77). Berkeley: University of

California Press.

Yang, B. (2009). *Between winds and clouds: The making of Yunnan (second century BCE to twentieth century CE)*. New York: Columbia University Press.

Yang, W., He, A. J., Fang, L., and Mossialos, E. (2016). Financing institutional long-term care for the elderly in China: A policy evaluation of new models. *Health Policy and Planning 31*, 1391–1401.

Yeoh, B. S., and Huang, S. (2014). Singapore's changing demography, the eldercare predicament and transnational "care" migration. *TRaNS, 2*(2), 247–269.

Ying, F. T. (2009). The regional development of Protestant Christianity in China: 1918, 1949 and 2004. *China Review, 9*(2), 63–97.

Yu, X. (2016). Causal uncertainty in Chinese medical malpractice law: When theories meet facts. *Tsinghua China Law Review, 9*, 24–62.

Zhan, H. J., Feng, Z., Chen, Z., and Feng, X. (2011). The role of the family in institutional long-term care: Cultural management of filial piety in China. *International Journal of Social Welfare, 20*, S121–S134.

Zhan, H. J, Feng, X., and Luo, B. (2008). Placing elderly parents in institutions in urban China: A reinterpretation of filial piety. *Research on Aging, 30*, 543–571.

Zhan, H. J., Liu, G., and Guan, X. (2006). Willingness and availability: Explaining new attitudes toward institutional elder care among Chinese elderly parents and their adult children. *Journal of Aging Studies, 20*, 279–290.

Zhan, H. J., Luo, B., and Chen, Z. (2012). Institutional elder care in China. In S. Chen and J. L. Powell (Eds.), *Aging in China: Implications to social policy of a changing economic state* (221–235). New York: Springer.

Zhang, A., Nikoloski, Z., and Mossialos, E. (2017). Does health insurance reduce out-of-pocket expenditure? Heterogeneity among China's middle-aged and elderly. *Social Science and Medicine, 190,* 11–19.

Zhang, E. (2011). Introduction. In E. Zhang, A. Kleinman, and W. Tu (Eds.), *Governance of life in Chinese moral experience: The quest for an adequate life* (1–30). New York: Routledge.

Zhang, H. (2007). Who will care for our parents? Changing boundaries of family and public roles in providing care for the aged in urban China. *Care Management Journals, 8*(1), 39–46.

Zhang, L. (2010). *In search of paradise: Middle-class living in a Chinese metropolis.* Ithaca: Cornell University Press.

——. (2015a). China's massive grey tide. *Al Jazeera.* Retrieved August 17, 2020, from https://www.aljazeera.com/indepth/opinion/2015/11/china-massive-grey-tide-151102073645302.html.

——. (2015b). China: Real property law. *The Law Library of Congress.* Global Legal Research Center. Retrieved September 1, 2017, from https://www.loc.gov/law/help/real-property-law/china-real-property-law.pdf.

Zhang, T. (2016). 2015 Nian zhongguo chengshi yanglao juzhu moshi yanjiu baogao (March 11) [2015 Research report on China's urban residential eldercare models]. Retrieved March 12, 2016, from http://news.zhijia.com/20160311/92609.shtml.

Zhang, Y. (2020). Debating "good" care: The challenges of dementia care in Shanghai, China. *Anthropology & Aging, 41*(1), 52–68.

Zhang, Z., and Zhang, J. (2015). Social participation and subjective well-being among retirees in China. *Social Indicators Research, 123*(1), 143–160.

Zhao L., and Sheng S. (2009). *Old age care in China* (Background Brief No. 432). Singapore: East Asian Institute.

Zhou, D. (2016). The long-term impacts of the Cultural Revolution: A micro-analysis. *LABOUR, 30*(3), 285–317.

Zito, A. (1997). *Of body and brush: Grand sacrifice as text/performance in eighteenth-century China*. Chicago: University of Chicago Press.

译名对照表

A

Adaptability 适应能力
Aging and the Indian Diaspora《老龄与海外印度人》(兰姆著)
aging population 老年人口
Alzheimer's disease 阿尔茨海默病
Analects《论语》
... And a Time to Die《生死有时》(考夫曼著)
Anthropology 人类学
Aries, Philippe 菲利普·阿里耶斯
attentional energy 关注能量
Australian Aboriginals 澳大利亚土著民

B

"Basic Regulations for Social Service Organization for Elders"《老年人社会福利机构基本规范》(2001)
Bateson, Mary Catherine 玛丽·凯瑟琳·贝特森
Benevolence 仁
"Beyond 'Culture'"《超越"文化"》(古普塔和弗格森著)
Biehl, João 若昂·比尔
biological citizenship 生物学公民
biopolitics 生命政治学
Brownell, Susan 苏珊·布劳内尔
Buch, Elana 埃拉娜·布赫
Buddhism 佛教
Buddhist volunteer group 佛教志愿者组织

C

care 照护
Care in Practice《照护的现实》(莫尔等著)
care workers 护理员
Chan, Alan 陈金樑
China Health and Nutrition Survey《中国健康与营养调查》

Chinese Academy of Social Sciences 中国社会科学院
Christianity 基督教
chronic living 慢性生存
Classic of Filial Piety《孝经》（冯欣民译）
Cohen, Lawrence 劳伦斯·科恩
community elder care 社区养老
Confucian principles and practices 儒家思想和实践
Consolidation generation "建国一代"
Constable, Nicole 郭思嘉
cosmic hierarchical mode 宇宙层次论
Cultural Revolution generation "文革一代"

D

Daoism 道家
Davis, Deborah 德博拉·戴维斯
death and dying 死亡和临终
dementia 痴呆症
dementia care 痴呆症护理
dependence 依赖
depression 抑郁
disability 残疾
Doctrine of the Mean《中庸》
domestic helper 保姆
Dongchuan Railway Extension 东川铁路支线
Douglas, Mary 玛丽·道格拉斯
Dragon Pool Elder Care Home 龙池老年公寓

E

economic changes 经济改革

economy of fluids 流体系统
The Eighteenth Brumaire of Louis Napoleon《路易·波拿巴的雾月十八日》（马克思著）
"Eight Stages of Man" 人格发展八阶段（埃里克松）
elder care institutions 养老机构
elder care law and policy 养老法律和政策
embodiment 躯体化
Erikson, Erik 埃里克·埃里克松
Euthanasia 安乐死

F

family elder care 家庭养老
family structures 家庭结构
Fei Xiaotong 费孝通
Feng Xin-ming 冯欣民
Ferguson, James 詹姆斯·弗格森
fertility control policies 计划生育政策
fertility rates 生育率
Filial Obsessions《痴孝》（桑高仁著）
Filial Piety《孝》（伊克尔斯著）
filial piety or filial reverence 孝
food insecurity 粮食无保障
food rationing 粮食定量配给
Foucault, Michel 米歇尔·福柯

G

Gale Encyclopedia of Medicine《盖尔医学百科全书》
geriatric hospitals 老年医院
Glaser, Barney 巴尼·格拉泽
good death 善终
Graeber, David 戴维·格雷伯

gratitude 感恩
great favor 恩情
Great Learning《大学》
Green, James 詹姆斯·格林
grey tsunami 银发海啸
Gupta, Akhil 阿西尔·古普塔

H

Hall, Edward 爱德华·霍尔
Harmony 和谐
Harms, Erik 埃里克·哈姆斯
Harrell, Steven 史蒂文·哈勒尔
health insurance 医疗保险
Herr, Ranjoo Seodu 兰朱·赛奥杜·赫尔
history and embodiment 历史与躯体化
hospice care 临终关怀
hourly domestic helpers 保姆
Hundred Flowers Campaign 百花运动
hybrid public-private elder care institutions 公私混合型养老机构

I

Ikels, Charlotte 夏洛特·伊克尔斯
individual life 个体生活
Inhorn, Marcia 马西娅·英霍恩
institutional care 机构养老
institutional rhythms 养老院的节奏
insurance 保险
intergenerational relationships 代际关系
isolation 孤立

J

Jade Hillo Elder Care Home 玉山老年公寓
Ji Chun 蒋春玉
Ji Du 杜朵多

jumping into the sea, *xiahai* 下海

K

Kaufman, Sharon 莎伦·考夫曼
Kipnis, Andrew 安德鲁·基普尼斯
Kleinman, Arthur 凯博文
Kontos, Pia 皮亚·康托斯
Kübler-Ross, Elisabeth 伊丽莎白·库伯勒-罗斯

L

labor migration, migration of workforce 民工流
Lamb, Sarah 萨拉·兰姆
land ownership 土地所有权
Laqueur, Thomas 托马斯·拉克尔
Law on Protection of the Rights and Interests of the Elderly《老年人权益保障法》(1996)
Lefebvre, Henri 亨利·列斐伏尔
life-course theory 生命历程理论
life expectancy 寿命预期
live-in domestic helpers 保姆
Lloyd, Stephanie 斯蒂芬妮·劳埃德
Lock, Margaret 玛格丽特·洛克
Lora-Wainwright, Anna 安娜·洛拉-温赖特
Lost Generation 迷惘的一代
Low, Setha 塞塔·洛
Lu Wei 罗立

M

Malinowski, Bronislaw 勃洛尼斯拉夫·马林诺夫斯基
Marriage Law《婚姻法》(1950)

Marx, Karl 卡尔·马克思
Marxism 马克思主义
McLean, Athena 雅典娜·麦克莱恩
medical anthropology 医学人类学
mental health services 心理健康服务
Maurice Merleau-Ponty 莫里斯·梅洛-庞蒂
Mol, Annemarie 安娜玛丽·莫尔
morbid Living 病态生存
Munn, Nancy 南希·芒恩

N

New Masters, New Servants《新主人，新仆人》（严海蓉著）
9073 model of elder care "9073" 养老模式
No Aging in India《印度无养老》（科恩著）
nursing care 护理
nursing home 养老院

O

obligation 义务
old age home 老年公寓
One Child generation "独生子女一代"
one-child policy 一胎政策

P

paid caregivers 有偿陪护
parent-child care 亲子照护
parent-child exchange 亲子交换
parent-child relationship 亲子关系
A Passion for Society《对社会的热爱》（威尔金森和凯博文著）
Patriarchy 父权制

pensions 养老金
Petryna, Adriana 阿德里安娜·佩特里纳
Phenomenology of Perception《知觉现象学》（梅洛-庞蒂著）
placemaking 制造场所
population statistics 人口统计
power 权力
Pre-Consolidation generation "建国前一代"
Prest, Janalyn 贾纳林·普雷斯特
private elder care facilities 私人养老机构
private payment for elder care 私人付费养老
private property 私人产权
psychological distress 心理障碍

Q

quality, *sushi* 素质
quality of care 照护质量

R

reciprocal exchange networks 互惠交换关系
reciprocity 报
Reform period 改革时期
Ren 仁
Republican generation "共和一代"
residential care facilities 住宿照护机构
resignation 认命
Resigned Activism《抗议派的屈服》（洛拉-温赖特著）
retired cadres 离休干部
retirement estate 养老庄园
rhythm 节奏

right-to-die policies 求死权政策
ritual or etiquette 礼
routine 规矩

S

Sahlins, Marshall 马歇尔·萨林斯
Sangren, Steven 桑高仁
school-aged volunteerism with elders 学校老年人志愿服务
self-care 自我照护
self-sufficiency 自给自足
sensorial descriptions 感官描述
sent-down youth program "青年下乡"计划
Shea, Jeanne 邵镜虹
Singing Meadows 幸福晚年老年公寓
social death 社会性死亡
social inequalities and filial piety 社会不公和孝道
Social Reform generation "社会改革一代"
social security 社会保障
social welfare homes 社会福利院
societal structures 社会结构
space making 制造空间
spousal caregiving 配偶照护
Strauss, Anselm 安塞尔姆·斯特劳斯
stroke 中风
suffering 痛苦
suicide 自杀

T

take care of oneself 自理
Tan, Sor-hoon 陈素芬
Tea and Horse Road 茶马古道

"three-no" policy "三无"政策
Time for Dying《临终之际》(格拉泽和斯特劳斯著)
To Elderly with Love《老有所依》(电视剧)
to take care of 照顾
trade routes 贸易路线
trauma 创伤
Tsing, Anna 罗安清
Tuan Yi-Fu 段义孚
The 24 Filial Exemplars《二十四孝》
two-child policy 二胎政策

V

Vita《生命》(比尔著)
Volunteerism 志愿服务

W

Watson, Rubie 鲁比·沃森
welfare homes 福利院
welfare services 福利事业
Wilkinson, Ian 伊恩·威尔金森
winking owl painting《睁一只眼、闭一只眼的猫头鹰》画作(黄永玉作)
Wolf, Margery 玛杰里·沃尔夫
World Bank 世界银行

Z

Zhan, Heying Jenny 詹合英
Zhang, Everett 张爱伟
Zito, Angela 安吉拉·齐托
zone of indistinction 模糊地带
zone of social abandonment 社会遗弃区

译后记

　　为本书做个总结是件很难的事。无论是衰老、疾痛还是死亡，都是我们现代人回避去直面和讨论的议题。这是由很多因素导致的。一方面，它们是崇尚科学技术的现代医学尚未攻克的难题，而完全攻克本身（即永生）又会带来伦理争议。另一方面，它们是崇尚积极青春的现代文化所极力排斥的。无论是在东方还是在西方，比过去更富裕的、步入中老年的现代人都在积极地锻炼，购买保健品，采取更健康的饮食和生活方式等，以抵制或延缓衰老。但很难说，我们敢于正经地谈论衰老或死亡，和家人、和朋友、和医生、和日常生活中接触的任何人，像谈论天气一样，把它当作生活的一部分来谈论。诚然，谈论衰老、疾痛和死亡并不像谈论天气那么轻松，但是心照不宣地避而不谈，只会固化我们对这些概念的恐惧。是的，真正艰难的不是这些状态本身，而是人对它们的恐惧。而恐惧，向来是越不作为，越放大。

除了这个原因，还因为本书作者、美国人文学家凯米格给出的"塞翁失马"结论似乎打了个太极，有种未竟之感。如今，处在银发海啸中的老人、家属、医生、护理人员在社会变迁下做着无奈的选择。越来越多的老年人或者按经济能力住进高端、中端或低端养老院，或者留在儿女外出务工或自建家庭后的空巢家中养老；上有老下有小的中年人（尤其是独生子女一代）不得不在工作、家庭、自我之间连轴转，在子女与父母赡养之间分出优先级；医护人员囿于老年医疗照护资源有限，而器官衰退、体能衰弱带来的并发症和疑难杂症复杂难治，对于老年人群常常是给予空洞的安慰或拒绝提供长期疗护……如果这就是我们和下一代的未来，我们不禁要问，这是唯一的选择吗？是每个人想要的选择吗？

《银发世代》（*Elderhood: Redefining Aging, Transforming Medicine, Reimagining Life*）作者路易斯·阿伦森（Louise Aronson）剥开了"年龄歧视"（ageism）的谬误本质：其一，在日新月异的科技和社会变革下，虽然弃旧从新、弱肉强食成为主要趋势，但是人潜在的未来价值是否高于过去已贡献的价值，即老人的整个人生价值是否低于年轻人的整个人生价值？其二，对老年的偏见归根到底是我们对未来自我的偏见。老年可以是积淀了深厚智慧和高度宽容的时期，肉体受限愈多反而精神愈发纯粹洗练的时期。为什么会没有选择呢？

如果衰老是自然常情，为什么人类显得如此痛苦不安？也许痛苦的不是自然人格，而是社会人格，在于老年人受到的歧视、侮辱，获得的社会保障和资源有限，被隔绝在社会活动和人际交流之外。当他们的诉说无人回应、他们的贡献无人赏识、他们被迫社会性死亡，以让位于更有经济生产力的同类，我们没有理由不担忧，在物化至极的社会，人与物等价，按寿命、性别、种族、才干、资产机械地标价，感情的共鸣、精神的共燃、思维的灵性一文不值。在未来，如果克隆技术让肉体复制普及，脑机数字化载体技术成熟到让意识可脱离肉体长生，AI高度智能化到成为人类的替代品和竞品，人类无疑会进一步"贬值"，对于人类集体或者亲友伴侣都是如此。所以，对于衰老问题，也许未来的人会比我们更烦恼。只消对比其他时代、其他地域或族群，就会发现，我们远远不到"没有选择"的地步，也必须警惕对当下弱势群体的成见。

自古以来，"老"和"死"在中国传统文化中都有一套应对体系。儒家讲究尊老尊长，等级法度为规矩；道家讲究道法自然，生死一体，人与天地宇宙一体，能量此消彼长相互转化；佛家讲究无老无死，无"我相、人相、众生相、寿者相"，老、死皆为虚妄的概念。可见，我国古人对待暮年、死亡是更为沉着、从容的，当代国人对死亡的恐惧不仅是由于主流儒家思想忌讳谈死的传统，由于信仰的缺失，还由于现代科学理念对传统文化习俗的驱逐。

现代汉族的丧葬礼仪越发从简，以避免改革开放以来走歪的红白喜事铺张浪费之风。但是，各国的民族志研究表明，殡葬仪式对于活人如何定义死亡、生者如何与亡者共处有着超越性的意义。殡葬仪式展现了社会关系不随物理死亡而终结。葬礼是大多数人一生中最隆重的,是展现其在社区、社会中的身份和地位的时刻,也是所有观礼者反思自己的社会身份、地位,及其在自我生命周期中的意义的时刻。因此,决定生命长度的,不仅仅是医学意义上的生理寿命,还有与他人的社会关系。另外,殡葬仪式还展现了生与死的关系。在印度尼西亚的塔纳·托拉雅(Tana Toraja),人们把遗体制成木乃伊,和家人一起生活几年,给其喂饭、换洗衣服,并与其说话;下葬后每三年还会开棺净尸,重和尸体温馨地相处一阵、合影留念,以这种方式来完成生死的和平过渡与融合。许多东亚、东南亚的国家都有将死亡视为转生、重启的文化传统。此外,还有玻利维亚的头骨供奉、墨西哥的亡灵节、爱尔兰的守灵仪式、西班牙的树种肥葬、日本的筷子捡骨,等等。总之,要想不害怕死亡,我们必须知道或者想象死后会发生什么。如今要做的,是在繁复旧礼带来的资源浪费或面子攀比之风,与完全弃礼带来的空虚疑惧之实之间,找到一个平衡。丧葬习俗包含了一个民族对死亡的认识,以及亡者与族人、祖先的宗亲关系,因此我国的殡葬改革在加强殡葬服务市场监管、适应民众新的需求、推进绿色殡葬探索实践和普及对殡葬行业的正确认识之路上还任重而道远。

如何面对死亡？

有的人认为，活着就尽情地活，不要考虑死，这样才能赚足最多的快乐；有的人认为，应该把每一天当作人生的最后一天来活，这样才能最大化体现生命的意义。对于终极问题，从来没有唯一的答案。但每个人的答案决定了对生活的态度。有的人将死亡视为一场战斗，屡败屡战，热情而光荣，令人敬仰；有的人将死亡视为一场旅行，检视一生，魂游天地，达到自由；有的人将死亡视为合上人生之书，其中的角色仍在视线之外不朽地演绎着，只是不被看到。

我认为，面对死亡，我们可以做些准备——这是对于最无力掌控之事的有限掌控，但它表示，作为人，意志贯穿生命始终。所谓的"积极死亡"是指，我们可以思考，自己和家人想要什么样的葬礼，希望谁来参加，放什么音乐？我想怎么处理自己的遗体？我愿意捐赠所有器官吗？我想要火葬、土葬、海葬、塞入烟花筒空葬，还是人体堆肥回归生态循环？我希望自己的骨灰躺在金属盒、檀木盒还是青花瓷盅中？我希望家人用什么食物来供奉我？我想提早立遗嘱，遗产怎么分配？我该对朋友、子女如何阐释我的死亡？我希望有怎样的墓志铭？……这些预备，就像面对生活中的所有重大挑战和危机一样，有备无患，也是为了让爱我的人和我爱的人能更安稳地度过这段时期。然后，我就可以像背水一战的士兵一样，心如止水地投入对生活的向往和梦想；或者像古时候抬棺而谏的老臣一样，对所向之道做好了觉悟。

如何面对养老？

我国即将进入深度老龄化社会。国家卫健委 2022 年 9 月发布的最新数据显示，未来十年，老年人将渐渐占据总人口的 1/4 甚至 1/3。银发海啸将从边缘推向中心，银发经济将成为新时代的巨大缺口。虽然现代医学技术的发展在不断延长人的寿命，但延长的是老年期而不是少年期。所以如何度过高质量的老年期，逐渐成为每个人难以忽视的话题。我国的安宁疗护事业尚在起步阶段，如书中所述，当下的主流养老方式为家庭养老、社区养老和机构养老。但三种方式都有不足之处，在现在的"少子社会"（与过去的"多子社会"相对）中，家庭资源以子代为核心进行配置，孝道文化衰落，子代的城镇化生活建立在对父代的隔离或剥削上，养儿防老功能大大弱化；社区养老和护工养老一样，能给予的情感支持和亲密互动非常有限；而在机构养老中，医院费用高、拥挤，且带有生硬冰冷的病态化视角，大多数养老院和疗养院的设施和服务不完善，既没有隐私保护，也没有亲密、温馨、牢固的情感氛围，无法给老人一个有安全感、有生活意义的宜居环境。

当然，为丰富情感、社交和精神生活，老年人中也兴起了其他一些养老方式，包括参加老年大学、老年文艺活动，组建黄昏恋、三五人搭伴养老，以及延长工作时间，积攒自养资源，等等。作为家人，我们需要理解老人的情感和精神需求，并予以适当的支持；这也是在观察老了以后的选择、预习老了以后的生活。曾有社会学家调研国内养老院，提出未来的养老院发展方向是将机构养老、社区养老和居家养老三者融合，将社区附近的医疗资源、生活服务资源、志愿者资源整合起来，办"家门口的养老院"——打造一个阳光舒适而非白色生硬的、迎合老年人生理节奏而不是规矩节奏的、为老年人建立与社会更连接而非更脱节的晚年生活环境。

对于患有慢性疾病的老人，需要了解哪些需要反对，哪些需要接受，何时需要挣扎，何时需要包容，何时能够贡献余热，何时能够有尊严地接受帮助。哈佛大学医学人类学教授凯博文在《疾痛的故事》（The Illness Narratives: Suffering, Healing, and the Human Condition）一书中一针见血地指出，个体的许多长期疼痛都是社会文化症结的转换。在现代中国社会，神经衰弱症及其他不明原因的躯体不适症状，常常是为某些会引起严重个人道德责任的问题取得医疗的合法性，以及为夹在无力前进和不甘后退的尖锐矛盾之间获得缓释。其实，个体需要将不断变化的文化价值观进行自我统合，而社会需要将多元化的个体价值观做更好的整合，对疑难纷杂的个体症候做更深刻的反思。即使对于阿尔茨海默病或老年抑郁症，如今也迎来更多、更开放的讨论。失忆、失智是任何年龄的人都会担忧，或都在经历，或都在寻求解法的事。人的一生都在失去，无论是物质还是记忆，诗人毕肖普（Elizabeth Bishop）说"失去的艺术不难掌握"；佛家说"万般带不走，唯有业随身"；在科幻小说中，对于失去，即使让时光倒流，重返过去修改结局，也未必得到圆满。因为也许人生的起点和终点本就相同，所有得到之物终将失去。积极主义者将注意力放在能够改变的东西上，以此代替丧失的东西；消极主义者发掘着不甘和不屈的能量，写下细腻动人的悲剧诗行。

同样，对于临终选择，我们也应当有自主权，即生前预嘱。"尊严死"包含一系列选择：在不可治愈的伤病末期或临终期，你想要在哪里、以何种方式死去？若是治疗痛苦而无效，你是否想要继续治疗以及采用何种治疗方式？你是否有未完成的心愿希望达成，或者希望死后由他人帮忙达成？若你病弱到无法表达自己的意愿，希望谁来为你表达？你现在是否已经把自己最重要的喜好、愿望好好地传达给他知晓？……临终选择对家属来说通常都是道德和情理两难的重担，自己主动做出也许能减少自己的恐慌和家人的哀伤。或许考虑好死，就能安排好生，将死亡的失去和遗憾降到最低。

如何过好老年人生？

除了社会研究，当代的老年文学和艺术作品也对老年生活的理想和现实做了一些探讨。国内以老年人为主角的作品不多，老年人大多是作为年轻人或中年人的配角出现。凯米格通过历史侧写指出，老年人不是统一的群体，不仅不同年龄的族群之间有代沟，而且个体与个体之间也大不相同。这里略举几个较有启发性的老年主题的影视作品的例子。捷克电影《秋天里的春天》（2001）指出，有时候老不正经的，能活得潇洒美丽；温顺等死的，无论什么年纪都是行尸走肉。韩国电影《酒神小姐》（2016）、《恩娇》（2012）以及日本电影《0.5毫米》（2014）犀利又温柔地揭示了老年人无处安放、在沉默中死亡的性欲，以及家人和社会本可以有更多的共情和创造。《困在时间里的父亲》（2021）展现了阿尔茨海默病患者脑中发生的一切，记忆的断裂和篡改令个体像进入了一个不断变化、无法走出的迷宫，与现实中其他个体和社会完全脱节，在文化和语言"幻觉"（解构主义意义上的）之雾消失后裸露出冷峻、孤独、偶尔温良的人性。《黑镜》系列之《圣朱尼佩罗》（2016）暗示，老年人的意识和年轻人一样活跃，情感也一样丰富；如果突破自然躯壳，那么意识、灵魂是没有青春和衰老之别的。《哀乐中年》（1949）则对比了"老而不衰"和"未老先衰"的两类典型人群：前者虽然年纪增长，但心灵却活跃、自由、纯粹、坦荡，对新鲜事物始终保持开放和热情；后者虽然年纪尚轻，但以守旧、践踏、剥削他人为乐，"无论多么富足气派，掌握多少新潮的娱乐方式，依然透露着虚伪、自私、腐朽的气息"。

当代世俗社会中的年龄歧视，与性别歧视、种族歧视、阶级歧视、职业歧视等一样，是文化盲区使然，也是将被打破的。就如同当今社会对年轻男女的要求和标准与数十年前不同，将来的社会对老年人的要求和标准也会转变。老年离我们并不遥远，死亡离我们也并不遥远。人体内每天死亡和新生的细胞总量达3300亿之多，也许老年和死亡才是连接全人类的共同纽带，它们让我们摘下面具，相互理解、分担痛苦和恐惧，抱团取暖。

老年人是每个民族、每一代人的历史。这个时代的光从不属于老年人，但他们也曾是光，如今有的在孕育未来的光，有的在和人类最浓烈的影搏斗。在老年这个黑洞般的战场上，老人、家属、医生、护士、护工、社工、学者、企业家、社会活动家、艺术家……人类许多最优秀的战士前赴后继，一批批上阵，一批批牺牲或撤退。

我们为什么要坚持不懈地打一场必输之仗？因为养老是一场全人类的战役，没有人能够全身而退。

于 2022 年重阳